출가
학교

출가학교

초판1쇄 인쇄일 : 2016년 5월 6일
초판1쇄 발행일 : 2016년 5월 14일

지은이 | 정념
펴낸이 | 남배현

기획 | 모지희
책임편집 | 박석동

펴낸곳 | 모과나무
등록 2006년 12월 18일(제300-2009-166호)

주소 | 서울시 종로구 종로19, A동 1501호
전화 | 02-725-7011
전송 | 02-732-7019
전자우편 | mogwabooks@hanmail.net

디자인 | Kafieldesign

ISBN 979 11 87280-04-0 (03220)

이 도서의 국립중앙도서관 출판예정도서목록(CIP)은
서지정보유통지원시스템 홈페이지(http://seoji.nl.go.kr)와
국가자료공동목록시스템(http://nl.go.kr/kolisnet)에서
이용하실 수 있습니다.(CIP제어번호 : CIP2016010904)

ⓒ 정념, 2016

**모과
나무** (주)법보신문사의 출판 브랜드입니다.
지혜의 향기로 마음과 마음을 잇습니다.

출 가 학 교

처음 만나는 자유

정념

모과
나무

보전에 주인공이 꿈만 꾸더니
무명초 몇 해를 무성했던고
금강보검 번쩍 깎아버리니
무한광명이 대천세계 비추네

쉼표가 필요합니다

프랑스 보르도 근교의 자두마을Plum Village을

방문한 적이 있습니다.

그곳은 세계인들로부터 영적 스승으로 존경받는

틱낫한Thich Nhat Hanh 스님이 운영하는 명상공동체입니다.

다양한 인종, 다양한 종교를 가진 사람들이 모여

함께 식사를 하고, 함께 걷고, 함께 좌선을 하고,

함께 노동을 하고, 함께 토론을 하더군요.

그들의 움직임은 매우 부드러웠고,

얼굴에는 하나같이 미소가 가득했습니다.

대지의 속살을 만지듯 살포시 옮기는 발걸음에서,

상대를 배려하는 작은 손놀림 하나에서도

저는 알 수 있었습니다.

그들은 이미 행복해 하고 있었습니다.

행복한 삶, 평화로운 세상은

그들에게 사전 속 단어가 아니었습니다.

끝내 손아귀에 잡히지 않는 이상理想도,

끝없이 반복되는 공허한 구호도 아니었습니다.

"와서 보라!"

당당히 말할 수 있는 것이었습니다.

그곳을 다녀와 참 많은 생각들을 했습니다.

우리는 왜 저렇게 하지 못할까?

여건을 비교해보면 우리나라 불교계가 가진 자산은

자두마을과 비교도 할 수 없을 만큼 많습니다.

수려한 산과 울창한 숲을 품은 사찰이 전국에 즐비하고,

구비된 시설 또한 훌륭합니다.

1,700년의 역사 속에서 구축된

아름다운 문화와 지적 자산 또한 풍부합니다.

오랜 세월 연마한 수행자들의 성숙도 역시

그들만 못하지 않습니다.

부족한 것이 있다면 단 하나,

세상에 대한 관심과 열린 마음이었습니다.

'나는 세상 사람들의 아픔을 보듬기 위해 얼마나 노력했을까?'

'모든 고뇌가 사라진 열반이 구호가 아니라

사실이란 걸 보여주기 위해 얼마나 노력했을까?'

'부처님의 지혜와 자비가 온 세상에 강물처럼

흐르게 하기 위해 얼마나 노력했을까?'

참 많이 부끄러웠습니다.

그래서 시작한 것이 출가학교입니다.

마음이 아프고, 가슴이 답답하다면 이곳으로 오세요.

삶이 무겁고 힘겹게 느껴지신다면 이곳으로 오세요.

일상이 무료하고 막막하시다면 이곳으로 오세요.

이곳 오대산에 오셔서 잠시 쉬어가세요.

어제라는 낡은 옷을 훌쩍 벗어던지고,

부처님의 가르침 속에서 새로운 오늘을 맞이해보세요.

감사한 마음으로 한 그릇의 밥을 받아들고,

풀 향기 바람 소리 속을 천천히 거닐어보고,

고요한 침묵 속에서 당신의 민낯과 마주해보세요.

욕망과 갈등이 가득했던 머리를 비우고,

그 자리에 부처님의 지혜를 채워보세요.

분노와 원망이 가득했던 가슴을 비우고,

그 자리에 부처님의 자비를 채워보세요.

당신에게 부처님의 향기를 선물할 준비가 되어 있습니다.

이곳 오대산에서 부처님의 눈으로 바라보는 세상은 분명

당신의 내일에 행복과 평화를 약속할 것입니다.

당신의 삶에도 쉼표가 필요합니다.

봄볕 따스한 오후에

오대산에서 퇴우정념退宇正念 올림

차례

출가

出家

I

집을
나서다
을
서
다

지금, 행복하십니까

지식은 넘치고 지혜가 부족한 세상

물질은 풍요롭고 마음이 가난한 세상

왜냐고 묻지 않는 세상

집을 나선다는 건

부처님과의 새로운 만남

출가에 대한 몇 가지 오해

지금 행복하십니까

인간이 가진 가장 오래되고 근본적인 질문 중 하나는 "왜 사는가?"입니다. 이에 대한 답을 체계적으로 제시한 인물 중 하나가 그리스의 철학자 아리스토텔레스입니다. 아리스토텔레스는 《니코마코스 윤리학Nicomachean Ethics》이란 책에서 삶의 목적이 행복이라고 제시하였습니다. 행복하기 위해 사는 존재가 바로 인간이라는 말입니다.

여기에서 다시 질문하지 않을 수 없습니다. 과연 행복이란 무엇일까요? 국가를 판단하는 여러 가지 기준 가운데 행복지수라는 것이 있습니다. 국민이 느끼는 만족감과 행복감의 정도로 그 나라의 수준을 판단하는 것입니다. 이 행복지수에서 매번 앞자리를 차지하는 나라는 북유럽과 서유럽의 덴마크, 노르웨이, 스위스, 스웨덴 등과 오세아니아의 호주와 뉴질랜드 등 국민소득이 높고 복지가 잘 시행되는 나라들입니다.

그런데 국민소득이나 복지제도가 이런 나라와 비교도 되지 않을 만큼 뒤처지는 한 나라가 이른바 선진국이라 불리는 서구 국가들과 어깨를 나란히 하고 있어 매우 흥미롭습니다. 그 나라는 바로 부탄입니다. 유럽 신경제재단(NEF)이 2010년에 발표한 자료에 따르면 부탄은 국가별 행복지수에서 143개국 가운데 1위를 차지했습니다. 그때 한국은 68위였습니다.

부탄은 히말라야 동쪽 끝에 있는 아주 작은 불교왕국입니다. 부탄은 우리에게는 물론이고 세계인들에게도 별로 존재감이 없는 나라입니다. 존재감이 없다는 것은 특별히 이렇다 할 산업이나 기업이 없다는 의미입니다. 부탄의 1인당 국민소득은 3천 달러에 불과합니다. 하지만 국민의 97%가 스스로 행복하다고 밝히고 있습니다.

이는 우리에게 불가사의한 일로 여겨집니다. 왜 그럴까요? 지난 시절 우리 사회는 '가난은 곧 불행'이라는 말을 공식처럼 여기며 살아왔습니다. 이는 '부는 곧 행복'이라는 말로 대치될 수 있습니다. 그래서 '잘 살아보세!'라는 구호와 함께 앞만 보고 달려왔습니다.

그 결과가 우리 사회는 과거와 비교도 할 수 없을 만큼 부유해졌습니다. 현재 한국의 일인당 국민소득은 3만 달러에 육박하고 있습니다. 예상대로라면 우리는 과거보다 비교도 할 수 없을 만큼 행복해야 마땅합니다. 하지만 어떻습니까? 정말 당신은 과거보다 행복하다고 느끼십니까? 여러 기관의 조사에 따르면 우리나라의 행복지수는 늘 하위권을 맴돌고 있습니다.

이것이 우리에게 말해주는 바는 무엇일까요? 경제력이 행복에 어느 정도 영향을 미치는 것은 맞지만 경제력이 곧 행복은 아니라는 사실입니다. 경제력과 행복 사이에 등식은 성립하지 않습니다. 조사에 따르면 어느 수준까지는 소득의 증대가 행복

감에 기여하는 것으로 나타납니다. 하지만 소득과 행복의 비례
는 월 소득 400만 원을 넘어서면 깨져버린다고 조사 결과는 말
해줍니다. 소득의 증대가 행복의 증진에 별로 기여하지 못한다
는 것이지요.

최고의 식재료와 주거 환경에서 최상의 의료 혜택을 누리며
살아가는 사람들도 수명이 일반인보다 못한 경우를 흔히 목격
하게 됩니다. 또한 부유한 이들 사이에서 더 많은 다툼과 갈등
이 발생하고, 부유한 이들이 더 많은 스트레스와 인간관계의 파
탄을 경험하는 것을 흔히 목격하게 됩니다. 이런 사례들은 '부
의 증가가 곧 행복의 증가'라는 생각이 헛된 환상이었음을 명
백히 증명합니다. 또한 행복감을 늘리기 위해서는 경제력을 늘
리기 위한 노력 외에 다른 노력들이 필수적임을 말해주고 있습
니다.

어제보다 행복하기 위해 지금 우리에게 필요한 것은 무엇일
까요? 더 높은 지위와 권력일까요? 더 화려한 집과 차일까요?
그 모두를 단박에 해결할 엄청난 돈일까요? 저는 더 이상 돈은

아니라고 생각합니다.

자신과 세상을 통찰하는 새로운 시선, 절제와 만족을 기반으로 한 도덕적 생활, 서로를 돕고 보살피는 원활한 인간관계, 감사·사랑·포용 등 아름다운 정서를 함양하려는 적극적 노력, 저는 이것이 지금 우리 사회의 행복을 위해 필요한 것들이라 생각합니다. 그리고 저는 행복에 필요한 이런 새로운 요소들을 부처님의 가르침 속에서 얻을 수 있다고 확신합니다.

우리는 행복한 삶을 추구할 권리가 있습니다. 하지만 행복은 그냥 얻어지지 않습니다. 행복을 원한다면 새로운 노력을 해야만 합니다. 그 새로운 노력의 하나로 저는 당신에게 한번쯤 출가해보실 것을 권합니다.

지식은 넘치고 지혜는 부족한 세상

현대사회를 살아가는 우리는 엄청난 정보의 홍수 속에 살고 있습니다. TV와 신문을 통해 매일같이 수많은 뉴스가 쏟아지고, 인터넷과 휴대폰을 통해 거대한 정보의 바다에 쉽게 접근할 수 있습니다. 물론 그런 정보가 백해무익百害無益하다는 말이 아닙니다. 삶에서 겪는 갖가지 문제들을 보다 정확하게 이해하고, 판단하고, 해결하기 위해서는 반드시 적절한 정보가 필요합니다. 이는 두말할 여지가 없는 진실입니다.

하지만 점검해볼 것이 있습니다. 첫째, 과연 그 정보가 눈앞에 닥친 문제를 이해하고, 판단하고, 해결하는 데 도움이 되는 것들인가 하는 점입니다. 둘째, 도움이 된다고 가정하더라도 그 정보를 충분히 활용할 능력을 갖추고 있는가 하는 점입니다.

첫 번째 질문을 점검해보겠습니다. 당신의 지식은 현실 문제를 해결하는 데 도움이 되고 있습니까? 대부분 긴 시간의 교육 과정을 이수한 현대인들은 매일같이 많은 양의 정보를 생산하고 또 소비하며 살아갑니다. 우리가 소유하고 활용하는 정보의 양은 과거 사람들과 비교도 할 수 없을 만큼 많습니다.

예상대로라면 교육 수준이 높을수록 더 많이 웃고, 더 많이 기뻐해야 마땅합니다. 과연 그렇습니까? 현대인들은 과거 사람들보다 삶의 문제들을 더 쉽게 해결하고, 더 많이 행복해야 마땅합니다. 과연 그렇습니까? 정보가 넘쳐나는 현대사회는 마찰과 갈등이 없는 원활한 공동체여야 마땅합니다. 과연 그렇습니까? 이 질문에 "그렇다"고 쉽게 대답하지 못할 것입니다.

전반적 교육 수준이 높아졌음에도 불구하고 우리 사회의 범죄율은 줄어들지 않고 있습니다. 고학력자가 보다 지능적인 범

죄를 저지르고, 지식인으로 불리는 인사들이 도리어 극한 갈등과 다툼을 부추기는 양상 역시 흔히 목격됩니다. 현대사회에서는 지식인이 더 이상 행복한 사람도, 주변을 행복으로 물들이는 사람도 아닙니다. 이런 사실들이 말해주는 것은 무엇일까요?

현대사회는 정보가 넘쳐나지만 그 가운데 대부분은 행복한 삶, 행복한 세상에 기여하지 못하고 있다는 것입니다. 그래서 질문을 던지지 않을 수 없습니다. 과연 무엇을 위한 지식인가?

지식은 삶을 위해 필요한 것입니다. 지식은 목표가 아니라 수단입니다. 또한 목표가 되는 그 삶이란 것도 불행한 삶이 아니라 행복한 삶이어야 합니다. 즉 지식은 우리의 행복한 삶을 위해 필요한 것이어야 합니다. 만약 지식이 행복이 아니라 불행에 기여한다면, 그런 지식은 무용無用한 정도가 아니라 극히 조심해야 할 위험한 대상입니다.

지식은 날이 시퍼런 칼과 같습니다. 그 칼은 누구 손에 쥐어지느냐에 따라 사람을 해칠 수도 있고, 사람을 살릴 수도 있습니다. 아무리 유용한 정보라도 탐욕과 분노를 실현하는 수단으로 사용해서는 안 됩니다. 그런 지식은 자신과 사회를 불행으로 이끌 뿐입니다. 따라서 우리는 지식을 축적하고 활용하기에 앞서 자신과 이웃의 행복을 목표로 삼는 건전한 태도를 먼저 갖춰야 합니다.

두 번째 질문을 점검해보겠습니다. 당신은 아는 만큼 실천하고 있습니까? 지금 우리 앞에 던져진 삶의 문제들을 해결하기 위해 우리가 해야 할 일은 무엇일까요? 그 해답을 몰라 문제를 해결하지 못하는 경우는 사실 드뭅니다. 우리는 대부분의 경우 어떻게 하면 좋을지를 이미 알고 있습니다.

편견과 선입견을 버리고 열린 마음으로 세상을 바라보고, 과도한 탐욕이 재앙을 초래한다는 것을 알아 스스로 질제하고, 올바른 목표를 향해 꾸준히 노력하다보면 번민과 불안이 사라지고 마음이 절로 편안해진다는 것을 잘 알고 있습니다. 겸손한 마음으로 상대를 존중하고, 공정한 입장에서 상대를 배려하고, 역지사지易地思之의 심정으로 상대를 용서하고, 욕심을 줄여 상대에게 양보하면 잘못된 인간관계로 빚어진 갈등과 다툼이 대부분 해소된다는 것을 잘 알고 있습니다.

하지만 아는 만큼 실천하기란 힘듭니다. 앎은 앎에 그칠 뿐입니다. 막상 문제에 부딪치면 열린 마음, 절제, 올바른 목표를 향한 부단한 노력, 존중, 배려, 용서, 양보 등은 쉽게 공허한 메아리로 사라집니다. 그리고는 대부분 작은 상처를 더욱 큰 상처로, 작은 고뇌를 더욱 큰 고뇌로, 작은 갈등을 더욱 큰 갈등으로, 작은 다툼을 더욱 큰 다툼으로 번지게 하는 행위에 휩쓸리고 맙니다.

나중에 돌아보면, 그 행위들은 분명 자신이 알고 있는 바와 정면으로 위배되는 것들입니다. 그래서 후회합니다. 하지만 후회한 뒤에도 똑같은 실수와 잘못은 쉽게 반복됩니다. 후회와 잘못을 반복하는 이 악순환은 왜 발생하는 것일까요? 지식만 많을 뿐 지혜가 부족하기 때문입니다.

지식과 지혜에는 분명한 차이가 있습니다. 올바른 앎이라 해도, 앎만으로는 삶을 변화시킬 수 없습니다. 실천하지 못하는 앎, 체화되지 못한 앎, 깊은 반성과 다짐을 거치지 않은 앎의 힘은 너무도 미약합니다. 그것은 지식입니다.

성찰과 단련을 거치지 않은 지식은 도리어 혼란과 허탈함만 초래합니다. 또한 그런 앎은 습관의 힘에 쉽게 굴복당합니다. 습관이라는 두꺼운 장벽을 뚫기 위해서는 앎을 송곳처럼 날카롭게 벼리는 시간이 반드시 필요합니다.

그것이 수행修行입니다. 그 고단한 수행의 과정을 거쳐야 비로소 생각과 말과 행동이 달빛처럼 환하고 연꽃처럼 향기로워질 수 있습니다. 우리는 그것을 지혜라 부릅니다.

우리 삶에 정말 필요한 것은 지식이 아니라 지혜입니다. '누가 이렇게 말했다'는 내 삶에 큰 영향을 끼치지 못합니다. 우리에게 필요한 것은 세상의 말이 아니라 체험과 확신을 거친 자기의 말입니다. 지식이 지혜로 바뀌는 마법 같은 순간을 경험하기 위해, 저는 당신에게 한번쯤 출가해보실 것을 권합니다.

물 풍 마 가 세
질 요 음 난 상
은 롭 이 한
　고

겨울이면 이곳 오대산에는 눈이 많이 내립니다. 허리춤까지
쌓인 눈을 바라보노라면 봄이 언제 오려나 싶습니다. 하지만 햇
살이 따뜻해지기 시작하면 그 두꺼운 눈밭에서 온갖 식물들이
제각기 새싹을 준비합니다. 그리고 언 땅이 녹자마자 온몸을 드
러내 한바탕 난리를 떱니다. 싸늘한 은세계는 그렇게 순식간에
꽃과 새들이 어우러진 신세계로 바뀝니다. 한 번 두 번 겪은 일
도 아니건만, 여전히 저는 위대한 자연의 변화 앞에서 가슴이
떱니다. 당신은 어떠십니까?

당신이 사는 집 마당에도 눈이 내리고, 당신이 거니는 골목길

에도 봄바람이 불고, 당신이 지나는 길가 가로수와 화단에도 꽃이 피겠지요. 당신은 어떠십니까? 당신도 어디선가 풍기는 꽃향기에 문득 걸음을 멈추고, 하얗고 빨간 꽃봉오리를 환희로운 눈길로 바라보고, 훈훈한 봄바람에 남몰래 미소를 지으십니까? 그렇지 못하다면, 한번쯤 되물어야 할 것입니다.

'지금 나의 눈길을 사로잡고 있는 것은 무엇일까?'

우리는 풍요로운 물질문명 속에서 살아가고 있습니다. 생활환경은 과거와는 비교할 수 없을 정도로 개선되었고, 의식주를 해결하기 위한 노동시간 역시 기술의 발달로 많이 단축되었습니다. 이젠 옷 한 벌을 짓기 위해 기나긴 밤을 이어 길쌈하지 않아도 되고, 밥 한 끼를 해결하기 위해 매운 연기 들이마시며 군불을 지피지 않아도 되고, 한 광주리 빨랫감을 지고 멀리 냇가까지 오가지 않아도 됩니다. 버튼 하나면 그 모든 것이 해결되는 편리한 세상입니다. 그뿐만 아닙니다. 그리운 벗을 찾아 고단한 밤길을 걸을 필요도 없고, 아름다운 풍광을 찾아 열흘간의 양식과 짚신을 준비할 필요도 없습니다. 맘만 먹으면 언제든 그리운 이의 목소리를 들을 수 있고, 서울에서 부산도 하루에 다녀올 수 있습니다. 현재 우리가 생존에 필수적인 요건들을 충족하기 위해 들여야 할 시간과 비용은 그리 많지 않습니다. 즉 옛날 사람과 비교하자면 시간이 남아돌아야 정상입니다. 하지만 어떻습니까? 현대인들이 과거 사람들보다 여유롭게 산다고 자신할 수 있을까요?

제 눈에는 현대인들이, 그것도 물질문명의 첨단을 갖춘 도시에 사는 사람들이 더 바쁘게 보입니다. 그들에겐 하루가 25시간이라 해도 부족합니다. 새벽이슬에 묻어나는 풀 향기를 맡을 시간도 없고, 하늘 높이 치솟은 구름기둥을 쳐다볼 시간도 없고, 어둠 속에서 몸을 뒤집는 낙엽 소리를 들을 시간도 없습니다. 사람이고 자동차고 새벽부터 한밤까지 쏜살같이 내달리기만 합니다.

잠시도 멈추지 못하고 저렇게 아찔한 속도로 달리는 이유가 무엇일까요? 많은 사람들이 말합니다. 더 넓은 집에서 살고, 더 비싼 차를 타고, 더 좋은 음식을 먹고, 더 멋진 취미를 즐기기 위해서라고. 그리고 그 모두를 성취하는 것이 곧 행복이라고. 하지만 그런 행복은 여름날 무지개처럼 끝내 손아귀에 잡히지 않는 것입니다. 더 넓은 집, 더 비싼 차, 더 좋은 음식, 더 멋진 취미는 현실 속에 없습니다. 매우 아름답긴 하지만 그건 꿈이고 환상입니다. 잠에서 깨고 나면 꿈은 헛헛함만 남길 뿐입니다.

'더'라는 한 글자가 당신의 갈증을 부추기고 있습니다. 어제보다 넓은 집을 갖고, 어제보다 비싼 차를 타고, 어제보다 화려한 옷을 입고, 어제보다 맛있는 음식을 먹게 되면 어쩌면 당신은 매우 기뻐할지도 모릅니다. 하지만 그 기쁨은 그리 오래가지 않을 것입니다. 왜냐하면 '더' 좋은 것을 바라기 때문입니다. 그래서 잠시 후면 목마른 사슴처럼 아지랑이 물결을 향해 다시 무거운 발걸음을 옮겨야 할 것입니다.

'더'라는 그 한 글자가 당신의 여유를 빼앗고 있습니다. '더'라는 한 글자에 사로잡혀 있는 한 당신은 지금 누리고 있는 것들에 눈길을 주지 못합니다. 왜냐하면 온통 마음이 '더 나은 것'에 쏠려 있기 때문입니다. 그래서 자신이 살고 있는 집이 얼마나 푸근하고 아기자기한지, 타고 다니는 차가 얼마나 편리하고 유용한지, 입고 있는 옷이 얼마나 따뜻하고 부드러운지, 먹고 있는 음식이 얼마나 정성스럽고 맛있는지, 자신이 얼마나 많은 것을 누리고 사는지, 느끼지도 못하고 감사해하지도 못합니다. 그래서 가난합니다. 너무나 많은 것을 누리고 있음에도 항상 얼굴을 찌푸리고 살아갑니다. 그래서 삶에 여유가 없습니다. 구속하고 명령하는 자가 없는데도 우리는 저당 잡힌 인생처럼 스스로 쉬지를 못합니다.

삶에 그리 많은 물질이 필요한 것은 아닙니다. 어쩌면 당신은 이미 넘칠 만큼 갖추고 있는지도 모릅니다. 이제 당신이 채워야 할 것은 통장이 아니라 마음입니다. 당신의 마음을 채울 아름다운 보석은 주변에 가득합니다. 그것을 돌아볼 여유가 당신에게 없을 뿐입니다. 그래서 저는 당신에게 한번쯤 출가해보실 것을 권합니다. 소박한 음식과 볼품없는 옷과 비좁은 잠자리로도 충분히 행복한 산중의 삶은 분명 당신의 가슴에서 '더'라는 한 글자를 떼어내 줄 것입니다.

왜냐고
묻지 않는
세상

경전에 나오는 재미난 이야기 하나를 소개하겠습니다.

　어느 종려나무 숲에 한 그루 도토리나무가 있었습니다. 그 나무
아래 살던 토끼 한 마리가 문득 이런 생각을 하게 되었답니다.
　"저 하늘이 무너지면 어쩌지."
　바로 그때, 도토리 하나가 종려나무 잎사귀에 떨어져 털썩 하고
큰 소리가 났답니다. 겁 많은 토끼는 깜짝 놀라 줄행랑을 치면서 이
렇게 외쳤답니다.

"큰일 났다. 하늘이 무너진다!"

옆에 있던 토끼가 이 말을 듣고 함께 뛰기 시작했습니다. 두 마리가 세 마리 네 마리로 점점 늘어나더니, 마침내 수천 마리 토끼가 도망치기 시작했습니다. 토끼들의 소란에 온 숲은 벌집을 건드린 듯 들썩거렸습니다.

"왜 저래? 무슨 일이야?"

"큰일 났어. 하늘이 무너진대."

노루도 멧돼지도 물소도 코끼리도 두려움에 사로잡혀 덩달아 달리기 시작했습니다. 높은 언덕에서 한 마리 사자가 그 한낮의 소란을 지켜보고 있었습니다. 그들이 내달리는 길목 끝에는 아찔한 절벽이 기다리고 있었습니다. 그대로 두면 다들 죽을 게 뻔했습니다. 숲의 동물들을 가엾게 여긴 사자는 행렬 앞으로 달려가 큰 소리로 포효했습니다. 사자의 기세에 놀라 그제야 동물들이 달음질을 멈췄습니다. 사자가 코끼리들에게 물었습니다.

"지금 어디로 가는 것인가?"

"몰라."

"왜 달리는가?"

"물소 떼가 달려서."

물소 떼에게 물었습니다.

"너희들은 왜 달리는가?"

"멧돼지 떼가 달려서."

멧돼지 떼에게 물었습니다.

"너희들은 왜 달리는가?"

"노루 떼가 달려서."

노루 떼에게 물었습니다.

"너희들은 왜 달리는가?"

"토끼 떼가 달려서."

토끼 떼에게 물었습니다.

"너희들은 왜 달리는가?"

"하늘이 무너진대."

"네가 봤어?"

"아니, 쟤가 그러던데."

까닭을 추궁하던 사자는 그 말이 겁쟁이 토끼에게서 나온 것임을 알았습니다. 사자는 숲 속 동물들과 함께 두려움에 떠는 토끼를 앞세워 하늘이 무너지는 걸 직접 봤다는 곳으로 찾아갔습니다. 그 자리에는 굵은 도토리 한 알만 뒹굴 뿐 무너진 하늘은 어디에도 없었습니다. 사자는 도토리를 주워 토끼에게 보이며 물었답니다.

"이것이 네가 보았다는 하늘인가?"

이 이야기는 우리에게 많은 것을 시사합니다. 영문도 모른 채 우르르 떼지어 달려가는 모양새는 현대사회를 살아가는 우리의 모습과 비슷합니다. 우리는 다들 열심히 살아갑니다. 열심히 공부를 하고, 열심히 직장을 다니고, 열심히 사업을 하고, 열심히 주장을 피력하며 살아갑니다. 하지만 정작 "당신은 왜 그렇게 열심입니까?" 하고 물으면, 딱히 마땅한 대답을 찾지 못합니다. 겨우 찾아내는 궁색한 대답이 "그래야 행복해지니까"입니다. 하지만 그렇게 대답하는 그는 사실 '그렇게 하면 행복해진다'고 확신하지 못합니다. 알 수 없습니다. 다만 "그래야 한다"

는 말을 주변에서 수도 없이 반복해 들었을 뿐입니다. 그래서 그러지 않으면 큰일이라도 날 것처럼 불안합니다. 이것이 과연 현명한 행동일까요? 무언가를 열심히 하기에 앞서 한번쯤 스스로에게 물어보아야 합니다.

"왜 그래야 하지?"

그 행동이 당신이 원하는 행복을 담보하는 것인지, 그 행동이 도리어 당신이 원하는 행복을 파괴하는 것은 아닌지, 당신이 원하는 행복을 얻기 위해서는 지금과 다른 행동이 필요한 것은 아닌지, 스스로 점검할 시간이 필요합니다.

현대사회의 변화 속도는 상상을 초월합니다. 아찔한 그 속도에 뒤처지지 않기 위해 다들 서로를 다그치며 살아갑니다. 하지만 그 내달림의 끝에서 우리를 기다리는 것은 무엇일까요? 과연 행복일까요? 어쩌면 지금 당신이 열심히 하고 있는 행동은 오히려 당신을 불행의 나락으로 이끌고 있는지도 모릅니다.

당신에게는 스스로 성찰할 시간이 필요합니다. 경쟁에 뒤처지면 어쩌나 하는 불안한 마음을 잠시 접고, 한번쯤 진지하게 되물어야 합니다.

"왜 그래야 하지?"

그래서 저는 당신에게 한번쯤 출가해보실 것을 권합니다. 고요한 숲 속에서 걸음을 멈추고, 자신이 걸어온 길을 돌아보십시오. 분명 당신에게 내일 걸어야 할 길을 보여줄 것입니다.

집을 나선다는 건

출가란 단어의 사전적 의미는 '집을 나선다'입니다. 하지만 단순히 집이라는 공간을 벗어나는 것을 뜻하지는 않습니다. 이 단어에는 보다 많은 의미가 담겨 있습니다. 여기서 '집'이란 기존에 세상에서 소유했던 유형무형의 자산을 뜻합니다. 즉 집·전답 등의 동산·부동산과 친척·친구 등의 인간관계와 신분·지위 등의 사회적 권위를 모두 포함하는 단어입니다. 따라서 '출가'는 기존에 소유했던 유형무형의 자산들을 몽땅 버리고 새로운 삶의 방식을 선택하는 것입니다. 여기서 두 가지 질문을 던질 수 있습니다.

첫째, 왜 유형무형의 자산을 버리는가?

둘째, 유형무형의 자산을 버리고 무엇을 추구하는가?

이 질문에 대한 답은 《중아함경(中阿含經)》에서 찾을 수 있습니다.

수행자들이여,

나 역시 깨달음을 이루기 전,

아직 바르고 원만하게 깨닫지 못한 보살이었을 때,

스스로 태어남에 묶여 있으면서

태어남에 묶여 있는 것들을 구하였고,

스스로 늙음에 묶여 있으면서

늙음에 묶여 있는 것들을 구하였고,

스스로 병듦에 묶여 있으면서

병듦에 묶여 있는 것들을 구하였고,

스스로 죽음에 묶여 있으면서

죽음에 묶여 있는 것들을 구하였고,

스스로 슬픔에 묶여 있으면서

슬픔에 묶여 있는 것들을 구하였고,

스스로 번뇌에 묶여 있으면서

번뇌에 묶여 있는 것들을 구하였다.

수행자들이여,

그러던 어느 날 나에게 이런 의심이 들었다.

'나는 왜 스스로 태어남에 묶여 있으면서

태어남에 묶여 있는 것들을 구할까?

스스로 늙음에 묶여 있으면서

늙음에 묶여 있는 것들을 구할까?

스스로 병듦에 묶여 있으면서

병듦에 묶여 있는 것들을 구할까?

스스로 죽음에 묶여 있으면서

죽음에 묶여 있는 것들을 구할까?

스스로 슬픔에 묶여 있으면서

슬픔에 묶여 있는 것들을 구할까?

스스로 번뇌에 묶여 있으면서

번뇌에 묶여 있는 것들을 구할까?'

그러자 나에게 이런 생각이 떠올랐다.

'비록 나는 태어남에 묶여 있지만

태어남에 묶여 있는 것이

재난이란 것을 알고 있다.

이제 이 속박에서 벗어나

태어남에 묶여 있지 않은

최상의 안온인 열반을 구하자.

비록 나는 늙음에 묶여 있지만

늙음에 묶여 있는 것이

재난이란 것을 알고 있다.

이제 이 속박에서 벗어나

늙음에 묶여 있지 않은

최상의 안온인 열반을 구하자.

비록 나는 병듦에 묶여 있지만

병듦에 묶여 있는 것이

재난이란 것을 알고 있다.

이제 이 속박에서 벗어나

병듦에 묶여 있지 않은

최상의 안온인 열반을 구하자.

비록 나는 죽음에 묶여 있지만

죽음에 묶여 있는 것이

재난이란 것을 알고 있다.

이제 이 속박에서 벗어나

죽음에 묶여 있지 않은

최상의 안온인 열반을 구하자.

비록 나는 슬픔에 묶여 있지만

슬픔에 묶여 있는 것이

재난이란 것을 알고 있다.

이제 이 속박에서 벗어나

슬픔에 묶여 있지 않은

최상의 안온인 열반을 구하자.

비록 나는 번뇌에 묶여 있지만

번뇌에 묶여 있는 것이

재난이란 것을 알고 있다.

이제 이 속박에서 벗어나

번뇌에 묶여 있지 않은

최상의 안온인 열반을 구하자.'

수행자들이여,

그래서 나는 그 후 칠흑 같은 머리카락에

다복하고 혈기왕성한 인생의 청춘 시절에

부모님의 눈물과 통곡 속에서 머리를 깎고,

가사를 입고, 집에서 집 없는 곳으로 출가하였다.

그렇게 나는 수행자가 되어

무엇보다 착하고 건전한 것을 찾아,

최상의 평화를 찾아 길을 나섰다.

부처님은 왜 유형무형의 자산을 모두 버렸을까요? 세상 속에서 추구하고, 획득하고, 유지하고, 확정하려 애쓰는 유형무형의 것들이 모두 태어나 병들어 죽어가는 것, 내 뜻대로 되지 않는 것, 너무도 쉽게 파괴되는 것, 결국 슬픔과 허전함만 남기는 것들이었기 때문입니다.

재물과 명예, 권력과 쾌락, 그것들을 가지고, 더 많이 가지고, 더 오래 가지려고 애쓰며 살아가는 것이 세속의 삶입니다. 하지만 아지랑이 물결로는 목을 축일 수 없고, 무지개는 끝내 손에 잡히지 않습니다. 부처님은 '그것'의 속성이 본래 가질 수 없는 것임을 간파했던 것입니다. 가질 수 없는 것을 가지려고 애태우는 삶, 그것이 속박입니다. 환상을 쫓는 삶, 거기엔 진정한 휴식도 자유도 없습니다. 그래서 부처님은 태자라는 고귀한 지위와 막대한 재산을 버리고 집을 나섰던 것입니다.

세속의 자산을 모두 포기한 부처님은 무엇을 추구했을까요? 생로병사에 묶여 있지 않은 것, 파괴되지 않는 것, 후회와 슬픔과 남기지 않는 것, 무엇에도 지배되지 않는 자유로움, 번뇌가

완전히 사라진 최상의 평화를 찾아 길을 나섰습니다. 그것을 불교에서는 열반涅槃이라 합니다.

출가의 첫걸음은 세속적인 욕망을 멈추는 것입니다. 그리고 그것으로부터 해방되어 영원한 행복과 자유, 최상의 평화를 향해 새로운 한걸음을 내딛는 것입니다.

혹자는 이렇게 말합니다.

"이 세상에 태어나 늙고 병들어 죽지 않는 사람이 어디 있어? 이 세상에 덧없이 사라지지 않는 것이 어디 있어?"

맞습니다. 이 세상에 태어나 늙고 병들어 죽지 않는 사람은 어디에도 없습니다. 맞습니다. 사람이고, 물건이고, 명예고, 권력이고, 이 세상에 덧없이 사라지지 않는 것은 어디에도 없습니다. 하지만 그 사이에서 숙명처럼 고뇌하고 아파하는 사람이 있는가 하면, 누군가는 초연히 미소를 짓습니다. 그것이 열반입니다.

당신의 슬픔과 번민은 숙명이 아닙니다. 당신은 얼마든지 그 슬픔과 번민에서 벗어날 수 있습니다. 고뇌로부터 훌쩍 벗어난 삶, 아무런 조건 없이도 기쁨이 충만한 삶, 무엇에도 흔들리지 않는 평온한 삶, 그런 해탈과 열반의 세계는 분명히 존재합니다. 그래서 저는 당신에게 한번쯤 출가해보실 것을 권합니다. 욕망의 속박에서 한 번도 벗어나본 적이 없는 사람은 끝내 열반의 평온함을 상상조차 할 수 없기 때문입니다.

부처님과의 새로운 만남

저는 당신에게 출가를 권합니다. 하지만 부처님께서 그러셨던 것처럼, 당신이 현재 가지고 있는 모든 것을 버리라고 요구하진 않습니다. 당신이 머물고 계신 집을 다시는 돌아오지 않을 곳으로 만들라고 요구하지도 않습니다. 그저 아주 낯선 곳으로의 여행처럼, 잠시 훌쩍 떠나보라고 권할 뿐입니다. '진정한 여행은 새로운 풍경을 보러 가는 것이 아니라 세상을 바라보는 또 하나의 눈을 얻는 것이다'라고 했습니다. 이곳은 당신에게 아주 낯선 곳이 될 것입니다.

출가란 부처님과의 만남을 의미합니다. 이곳에서 당신은 2,500여 년이라는 시간의 장벽을 뛰어넘어 부처님과 마주할 수 있습니다. 그분의 이야기를 생생히 들을 수 있고, 그분에게 길을 묻고, 그분의 그림자를 밟으며 따라 걷고, 그분의 채취를 느끼며 먹고 마시고 잠들 수 있습니다. 하루를 온전히 부처님 곁에서 보내는 시간은 분명 당신에게 경이로운 체험이 될 것입니다. 그리고 그 체험은 당신에게 세상을 바라보는 새로운 눈, 새로운 삶의 방식, 새로운 삶의 목표라는 세 가지를 선물할 것입니다.

첫째, 당신은 이곳에서 세상을 바라보는 새로운 눈을 얻게 될 것입니다. 선과 악, 옳음과 그름, 아름다움과 추함, 이익과 손해, 성공과 실패, 행복과 불행 등 모든 것을 이분법적으로 나눠 보던 생각이 착각에서 비롯되고 집착으로 유지되는 것이었음을 깨닫게 될 것입니다. 독단과 편견으로 만들어져 이기심으로 강화되는 이분법적 세계관 속에서는 평화와 공존을 끝내 이룰 수 없습니다. '나'와 '너'가 분명하고, '선'과 '악'이 분명한 세계에

서는 약육강식의 폭력과 강자생존의 다툼이 정당화됩니다. 그
세계에는 입가에 피가 묻은 비정한 웃음과 상처로 울부짖는 통
곡이 있을 뿐 평화와 공존은 없습니다. 발전과 성장을 부르짖지
만 그건 다른 누군가의 좌절과 아픔을 전제로 한 것입니다. 당
신은 항상 승자의 자리에만 설 수 있는 건 아닙니다.

부처님과의 만남을 통해 새로운 눈을 얻은 당신은 세상을 새
롭게 바라보게 될 것입니다. 온갖 모양과 특성을 가진 풀과 나
무들, 개울과 바위, 새와 짐승, 바람과 구름이 어우러져 하나의
숲을 이루듯이, 모든 것이 서로를 의지하고 있는 그대로의 모습
을 보게 될 것입니다. 구름이 없으면 비도 없고, 비가 없으면 개
울도 없고, 개울이 없으면 나무도 없고, 나무가 없으면, 새와 짐
승도 없고, 새와 짐승이 없으면 아름다운 숲도 없다는 사실을
보게 될 것입니다. 그 새로운 눈을 통해 세상을 바라보면 풀 한
포기 바람 한 점에도 기껍고 사랑스러운 마음이 저절로 생길 것
입니다.

부처님과의 만남을 통해 새로운 눈을 얻은 당신은 흐르는 강

물처럼 세상 모든 것이 끝없이 변화하고 있다는 것을 보게 될 것입니다. 누가 변하라고 해서 변하는 것도 아니고, 변하지 말라고 해서 변하지 않을 수 있는 것도 아니라는 사실을 인정하게 될 것입니다. 인연 따라 생겼다 인연 따라 사라지는 자연의 오묘한 조화 속에서 변화란 너무도 당연한 현상이란 걸 인정하게 될 것입니다. 그 새로운 눈을 통해 세상을 바라보면 움켜쥐려 애쓰고, 놓지 않으려고 발버둥치고, 빈손에 슬퍼하던 당신의 과거가 한바탕 웃음거리가 될 것입니다.

둘째, 당신은 이곳에서 새로운 삶의 방식을 익히게 될 것입니다. 절제와 순종, 배려와 존중을 익히는 이곳의 삶이 처음에는 무척이나 당황스럽고 불편하게 느껴질 수 있습니다. 이곳 생활이 처음에는 왠지 도움이 되지 않는 것 같고, 때로는 마음에 들지 않을 수도 있습니다. 하지만 시간이 지나면서 스스로 느끼게 될 것입니다. 이기심을 줄일수록 마음이 편안해지고, 타인을 배려할수록 주변이 화사해진다는 것을 말입니다. 그래서 깨닫게 될 것입니다. 나를 사랑하듯이 세상 모든 것을 사랑하고, 내가 존중받고 싶듯이 세상 모든 것을 존중해야 한다는 평범한 진리를 말입니다.

아끼고 감사하며 작은 것에 만족하는 절제의 생활을 통해 당신은 당신의 행복을 위해 그리 많은 것이 필요치 않다는 것을 스스로 깨닫게 될 것입니다. 올바른 가르침에 순종하는 생활을 통해 당신은 당신의 게으름과 나쁜 습관들을 극복할 강력한 힘을 얻게 될 것입니다. 당신에게 양보한 앞 사람, 당신에게서 물려받을 뒷사람을 생각해 작은 물건 하나도 함부로 사용하지 않는 배려의 생활은 당신에게 감사하는 마음과 은혜를 베풀 줄 아는 마음을 키워줄 것입니다. 지금 그 모습 그대로 서로를 인정하고 존중하는 생활을 통해 당신은 이 세상에 소중하지 않은 것은 하나도 없다는 것을 깨닫게 될 것입니다.

셋째, 당신은 이곳에서 새로운 삶의 목표를 가지게 될 것입니다. 쾌락을 추구하는 삶, 이기적 욕망에 사로잡힌 삶, 자신의 이익을 위해 파괴와 투쟁을 일삼는 삶은 결코 행복과 평화를 가져다주지 않는다는 것을 깨닫게 될 것입니다. 헛된 욕망을 버리고 폭력과 파괴를 멈추어야만 진정한 행복과 평화가 찾아온다는 것을 깨닫게 될 것입니다. 그리고 그 모든 것이 '나'와 '세상'의 실상實相을 있는 그대로 바라보는 지혜의 눈을 뜨는 것에서 시작된다는 것을 깨닫게 될 것입니다.

그래서 당신은 진정으로 행복한 당신을 위해 새로운 삶의 목표를 가지게 될 것입니다. 《숫따니빠따Suttanipāta》에서 말씀하셨습니다.

지혜의 힘이 있고

계율과 맹세를 잘 지키며

마음이 통일되어 선정을 즐기고

집착에서 벗어나 거칠지 않으며

번뇌에 더럽혀지지 않는 자

현명한 이들은 그를 성자로 압니다.

홀로 살면서 방일하지 않는 성자

비난과 칭찬에 흔들리지 않나니

소리에 놀라지 않는 사자처럼

그물에 걸리지 않는 바람처럼

진흙에 더럽혀지지 않는 연꽃처럼

남에게 이끌리지 않고 남을 이끄는 자

현명한 이들은 그를 성자로 압니다.

중도中道를 깨달은 당신은 부자인 나, 권력이 많은 나, 명예가 높은 나, 남보다 잘난 나가 아니라 욕심에 물들지 않는 나, 분노에 사로잡히지 않는 나, 깨달음을 얻은 빛나는 눈으로 자신과 세상을 바라보며 평온과 안락을 가꾸는 성자의 삶을 꿈꾸게 될 것입니다.

연기緣起의 법칙에 눈을 뜬 당신은 온 우주가 하나로 어우러지고, 과거 미래 현재가 하나로 연결되어 있다는 진리를 깨닫게 될 것입니다. 이 세상에 나 아닌 것은 무엇도 없다는 사실을 깨달은 당신은 육체에 갇힌 '작은 나(小我)'를 버리고 시방十方과 삼세三世 전체를 '거대한 나(大我)'로 받아들이게 될 것입니다.

그렇게 바로 보고, 바르게 깨달았을 때, 당신의 가슴에서 자비로움이 샘솟을 것입니다. 그런 당신은 사랑과 연민으로 한없이 베풀고, 타인을 배려해 욕망과 소비를 자제하고, 험악한 모욕도 기꺼이 참아내고, 모두의 행복과 평화를 위해 끝없이 노력하고, 분분한 번뇌의 먼지를 툴툴 털어버리고, 지혜의 등불을 높이 들어 무명無明의 어둠을 밝히는 보살의 삶을 꿈꾸게 될 것입니다. 당신은 분명 이곳에서 그렇게 될 것입니다.

출가에 대한 몇 가지 오해

출가에 대한 몇 가지 오해가 있습니다.

혹자는 말합니다.

"사회 구성원으로서 마땅히 짊어져야 할 책임과 의무를 방기하는 것 아닌가?"

아닙니다. 당신은 지금 어떤 책임과 의무를 짊어지고 있습니까? 만약 당신의 빈자리가 누군가의 생명과 생계를 위협할 만큼 치명적이라면, 저는 당신에게 출가를 권하지 않을 것입니다. 하지만 그렇지 않다면 그건 숙명처럼 반드시 짊어져야 할 짐은 아닙니다. 그건 당신이 짊어질 수도 있고, 짊어지지 않을 수도 있는 짐입니다.

책임과 의무라는 이름이 붙은 당신의 짐을 한번 돌아보십시오. 힘겹더라도 계속 짊어질 가치가 있는 것인가요? 정말 당신과 당신 주변 사람들에게 행복을 약속하는 것인가요? 만약 "그렇다"고 대답하신다면, 저는 당신에게 출가를 권하지 않을 것입니다. 하지만 선뜻 대답이 나오지 않는다면, 곰곰이 살펴보아야 합니다. 우리는 책임과 의무라는 그럴듯한 이름을 붙여 욕망과 집착을 위장하는 경우가 허다하기 때문입니다.

경전에 이런 이야기가 나옵니다. 옛날 인도에서는 원숭이를 잡을 때 주둥이가 작은 단지를 사용했다고 합니다. 그 속에 과일 등의 먹이를 잔뜩 넣어놓으면 원숭이가 그 음식을 먹으려고 손을 집어넣습니다. 그리고 과일을 움켜쥐면 손이 빠지지 않습니다. 그때 사냥꾼이 원숭이를 잡는답니다. 사냥꾼이 다가가면 목숨이 경각에 달렸으니 얼른 과일을 놓고 달아날 것 같지요? 하지만 원숭이는 끝내 손아귀에 쥔 과일을 놓지 않습니다. 우리

의 욕망과 집착도 그와 같습니다. 어쩌면 당신이 지금 움켜쥐고
서 놓지 못하는 책임과 의무는 당신에게 행복을 가져다주는 것
이 아니라 재앙을 가져다주는 것일 수도 있습니다.

책임과 의무를 짊어진 당신의 모습은 또 어떻습니까? 발걸음
이 경쾌하십니까? 보람되고 즐거우십니까? 만약 당신이 "그렇
다"고 대답하신다면, 저는 당신에게 출가를 권하지 않을 것입
니다. 하지만 그렇지 않다면 당신에게 잠시 그 짐을 내려놓으라
고 권합니다. 지친 걸음으로는 멀리 갈 수 없습니다. 시원한 그
늘에 앉아 길게 숨을 고르고 나면 당신은 더욱 경쾌한 발걸음으
로 길을 나설 수 있을 것입니다. 그것이 출가입니다.

혹자는 말합니다.

"사람이 어울려 살아야지, 세상과 단절된 외톨이의 삶을 살
아서야 되는가?"

물론입니다. 사람은 어울려 살아야 합니다. 하지만 다음 구절
은 틀렸습니다. 출가는 결코 세상과 단절된 은둔의 삶을 선택하
는 길이 아닙니다. 승가僧伽란 수행자들의 공동체를 뜻하는 말

입니다. 물론 보다 혹독한 성찰과 점검의 시간을 가지기 위해 간혹 은둔을 선택하는 경우도 있습니다. 하지만 수행자들의 기본 생활방식은 서로를 의지해 학습하고 독려하는 공동체생활입니다.

혹자는 말합니다.

"출가란 세상과 인연을 끊는 것이다."

이 말도 반은 맞고 반은 틀립니다. 물론 출가는 기존의 인간관계를 청산하는 것에서 시작합니다. 하지만 그것이 완전한 인연의 단절을 의미하는 것은 아닙니다. 출가를 통해 청산하는 인간관계는 '나'라는 이기심의 힘으로, 욕망과 분노의 힘으로 엮어왔던 인연입니다. '나의 무엇'이라 부르며 소유하려 했던 너와의 관계, 미워하고 원망했던 너와의 관계, 번민과 갈등과 슬픔과 두려움을 초래했던 너와의 관계를 말끔히 털어버리는 것입니다. 하지만 그것이 끝이 아닙니다. 출가란 거기서 한걸음 더 나아가 새로운 관계를 정립하는 것입니다. 누구의 소유물일 수 없는 소중한 존재가 바로 너라는 것을 깨달아 새롭게 평등한 관계를 정립하고, 나의 또 다른 모습이 너라는 것을 깨달아 이해하고 용서하며 포용하는 관계를 정립하고, 다툼과 갈등이 아니라 행복과 평화를 만들어가는 새로운 관계로 거듭나는 것입니다. 출가란 당신이 살던 세상을 버리는 것이 아닙니다. 세상과 맺어왔던 낡은 인연을 버리고, 그 세상과 보다 나은 새로운 인연을 맺는 것입니다.

불교가 '은둔', '세상과의 단절'이라는 왜곡된 이미지를 갖게 된 데에는 유교 문화와의 충돌이 한몫을 했습니다. 중국과 우리나라에서 오랫동안 사회적 주류의 자리를 차지한 유교는 불교를 백성으로서의 의무와 책임을 방기하는 종교, 사람 노릇을 거부하는 종교라며 비판해왔습니다. 이런 역사적 흐름 속에서 불교에 대한 왜곡된 해석이 고착된 것입니다. 물론 이런 결과를 초래한 데에는 불교가 적극적으로 대응하지 못한 잘못도 있습니다.

특히 우리나라에서는 조선을 개국한 성리학자들이 오랜 세월 갖가지 방법을 동원해 불교를 탄압하였습니다. 그 결과 불교는 재산권과 사회적 지위를 상실하고 급속히 산속의 종교로 전락하고 말았습니다. 그래서 입산入山이 곧 수도修道라는 이미지가 굳어진 것입니다. 패배자, 도피자, 실연한 사람, 불우한 환경에 내몰린 자들이나 선택하는 것이 출가라는 인식 또한 이런 역사적 배경 속에서 형성된 것입니다.

하지만 부처님의 가르침에 따르면 불교는 세상살이를 고려치 않는 고립된 사상이 아니고, 출가는 은둔의 삶을 선택하는 것도 아닙니다. 부처님이 이 세상에 출현하신 까닭은 오직 하나, 세상의 아픔을 치료하고 세상을 보다 아름답게 하려는 목적이었습니다. 깨달음을 이루신 후 평생을 경주했던 일도 오직 하나, 세상의 아픔을 치료하고 세상을 보다 아름답게 하려는 노력이었습니다. 두 그루 사라나무 아래에서 두 눈을 감으며 제자들에게 남기신 당부 또한 세상의 아픔을 치료하고 세상을 보다 아름답게 하라는 것이었습니다. 출가는 세상과의 단절이 아닙니다. 출가는 세상살이의 아픔을 치료하고 세상을 보다 아름답게 만드는 첫걸음입니다.

혹자는 말합니다.

"출가자는 타인의 공양과 후원에 의존해 살아가는 게으름뱅
이들이다."

출가자는 분명 타인의 후원에 의존해 살아갑니다. 출가자가
타인의 후원에 의존해 살아가는 데에는 나름 이유가 있습니다.
그건 인간의 깊은 욕망을 뿌리 뽑기 위해서입니다. 그래서 재산
을 소유하거나 축적하지 않고 그때그때 주어진 것으로 만족하
며 살아갑니다.

하지만 게으름뱅이의 삶은 아닙니다. 언젠가 거대한 농토를
경작하던 어느 바라문이 부처님을 게으름뱅이라며 나무란 적이
있습니다. 한 끼의 음식을 구걸하며 밥그릇을 내미는 부처님에
게 바라문은 이렇게 말했습니다.

"나는 열심히 밭을 갈고 씨를 뿌린 다음에 먹습니다. 당신도
밭을 갈고 씨를 뿌린 뒤에 드십시오."

그러자 부처님께서는 "나도 밭을 갈고 씨를 뿌린 다음에 먹
습니다" 하고는 이렇게 노래하였습니다.

믿음은 씨앗, 감관을 지키는 것은 단비

지혜는 나의 멍에와 쟁기

부끄러움은 쟁기자루, 삼매는 끈

바른 새김은 나의 쟁깃날과 몰이막대.

몸가짐을 삼가고 말을 삼가고

알맞은 양으로 음식을 절제하며

진실함으로 잡초를 제거하는 낫을 삼고

온화함으로 멍에를 내려놓습니다.

속박에서 평온으로 이끄는 정진

그것이 내게는 짐을 싣는 황소

슬픔이 없는 열반에 도달하고

가서는 두 번 다시 돌아오지 않습니다.

이와 같이 밭을 갈아

감로의 열매를 거두고

이와 같이 밭을 갈아

모든 고통에서 해탈합니다.

당신이 직접 출가 생활을 경험해보신다면 새벽부터 늦은 밤
까지 이어지는 빡빡한 일정에 아마 깜짝 놀라실 것입니다. 어찌
면 세속에서의 삶보다 고단하다고 느끼실 수도 있습니다.

다만 차이가 있다면 무엇을 위해 부지런하고, 어떤 일에 부
지런한가입니다. 출가자들은 계율과 선정과 지혜를 닦는 일에
는 부지런하지만 더 좋은 옷과 음식과 잠자리를 차지하는 일에
는 부지런하지 않습니다. 출가자들은 열반과 해탈을 성취하려
고 애쓰지만 재산과 권력을 축적하려고 애쓰지는 않습니다. 간
혹 출가자를 게으름뱅이로 보는 까닭은 아마도 이 때문일 것입
니다.

혹암或菴 스님이 말했다.

"서쪽에서 온 달마는 무슨 이유로 수염이 없는가?"

산에
들다

入山

입산

맑고 시원한 산

새로운 벗들

머리카락을 자르고

말을 삼가다

절집 식사 발우공양

끝없이 머리를 숙이고

'나' 그 속을 거닐다

맑고 시원한 산

백두산에서 내리뻗은 대간이 동그스름하게 뭉쳐 혈맥을 이룬 이곳은 오대산五臺山입니다. 태백산맥과 차령산맥이 교차하는 지점으로서 강원도 평창군 진부면, 도암면, 용평면과 명주군 연곡면과 홍천군 내면 일대에 펼쳐진 품이 넓은 산입니다. 이곳은 동쪽·서쪽·남쪽·북쪽·가운데의 다섯 곳에 높고 평평한 돈대 형상의 봉우리가 있다고 하여 오대산이라 부릅니다.

꼭대기인 비로봉에 올라 주위를 둘러보면 동쪽과 서쪽의 풍광이 사뭇 다릅니다. 동대 너머의 능선인 소금강 지구는 온통

바위산입니다. 그 장엄함은 가히 금강산에 견줄 만한 절경입니다. 한편 서쪽 능선인 오대산 지구는 부드러운 흙산입니다. 둥글둥글한 봉우리에 이어지는 능선 또한 완만합니다. 이처럼 오대산은 날카로움과 부드러움을 함께 품고 있는 묘한 산입니다.

또한 오대산은 물이 맑고 풍부한 산입니다. 서울을 지나는 한강도 이곳 우통수于筒水에서 시작됩니다. 호명골, 중대골, 서대골, 신성골, 동피골, 조계골, 여기저기 굽이진 골짜기가 모여 시작되는 오대천은 동대천을 만나 정선을 지나고, 굽이굽이 남한강으로 흘러듭니다.

서른두 개의 산봉우리와 서른한 개의 계곡, 열두 개 폭포와 여러 사암을 품은 이 산은 수많은 생명들의 보금자리이기도 합니다. 봄이면 색색의 꽃들이 산새와 함께 온 산을 단장하고, 여름이면 울창한 숲과 깊은 계곡이 시원한 바람을 보내오고, 가을이면 오색의 단풍이 사람의 얼굴까지 물들이고, 겨울이면 나뭇가지마다 눈꽃을 피우는 곳입니다.

이곳 오대산의 품에 안기면, 당신은 짙은 자연의 향기에 취해 문득 상쾌함을 느끼실 것입니다. 그래서 그런지 오대산을 청량산淸凉山이라고도 부릅니다. 맑고 시원한 산이라는 뜻입니다. 아무런 준비 없이도 그 품에 안기면 절로 마음이 상쾌해지는 산, 오대산은 그런 곳입니다. 사랑하는 아내를 떠나보내고 출가학교에 참여했던 41기 김진도 님은 오대산을 찾았던 첫날을 이렇게 기억했습니다.

실구름이 수채물감처럼 흩날렸다.

비가 고개를 넘는 사이

안개가 다가와 주위를 감싸고

굴참나무 이파리에 맺힌 이슬이

아찔한 바닥과 마주한 사이

시간은 복숭아 익어가듯 깊어만 갔다.

이슬은 끝내 온몸을 놓아버리고

찰나의 광채 흩날리며

적멸 속으로 사라졌다.

투명한 그 몸짓 따라

내 원색의 욕망도 잦아들었다.

비가 내리고

나무들이 가만히 합장을 했다.

그 장엄한 광경에 놀란 나는

웅크리고 또 한참을 울어야 했다.

오대산은 그렇게 지친 내 영혼을

가슴으로 안아주었다.

자연은 우리의 마음을 치유하는 신비한 능력을 가지고 있습니다. 그래서 우리 조상들은 예로부터 자연을 경외하였습니다. 그 가운데서도 특히 산을 숭배하였습니다. 그들에게 산은 그저 수많은 바위와 나무가 뒤엉킨 공간이 아니었습니다. 부처님과 보살님, 성인과 신선 등 신비한 능력을 갖춘 분들이 머무는 성스러운 공간이었습니다. 오대산도 그 가운데 하나입니다.

《화엄경華嚴經》〈보살주처품〉에 이런 구절이 있습니다.

심왕다다 보살마하살이 여러 보살들에게 말씀하셨습니다.

"동북쪽에 보살이 머무는 곳이 있으니, 그 이름이 청량산입니다. 그곳은 과거에도 여러 보살이 항상 머물던 산입니다. 현재 그곳에는 문수사리라는 보살이 1만 명의 권속을 거느리고 항상 설법하고 계십니다."

우리의 선조들은 《화엄경》에서 말한 청량산이 바로 이곳 오대산이라 여겼습니다. 문수보살님이 수많은 제자를 거느리고 이곳 어딘가에서 진리를 설파하고 계신다고 믿었습니다. 당신도 이 신비하고 아름다운 설화 속으로 한걸음 들어와 보십시오. 오대산에 깃든다는 것은 그저 숲과 새소리, 바람과 적막을 즐기러 찾아오는 것에 그치지 않습니다. 오대산에 깃든다는 것은 성자이신 문수보살을 만나러 오는 것입니다.

당신도 한번 찾아보십시오. 문수보살님이 어디 계실까요? 문수보살님이 무슨 말씀을 하실까요? 몸가짐을 삼가고 주의 깊게

한번 살펴보십시오. 혹시 압니까? 눈 쌓인 푸른 잣나무 숲 어귀
에서 그분의 휘날리는 옷자락을 보게 될지, 시리도록 푸른 금강
연 물빛에서 그분의 맑은 눈동자와 마주치게 될지, 온 산을 헤
집는 거친 바람결에 그분의 음성을 듣게 될지, 소리 없이 뜨락
에 내려앉는 달빛 속에서 그분의 따스한 미소를 느끼게 될지.
만약 당신이 그분을 직접 뵙게 된다면, 당신도 무릎을 치며 큰
소리로 말할 것입니다.

"이곳이 바로 맑고 시원한 산이구나!"

또한 이곳 오대산은 오랜 역사와 문화가 숨 쉬는 공간입니다.
월정사는 신라 선덕여왕 12년(643)에 자장율사慈藏律師께서 창건
하신 도량입니다. 그 후로도 수많은 고승들이 이 산에서 깨달음
을 구하고, 깨달음을 얻고, 깨달음을 실천하신 곳입니다. 고려
말에는 나옹화상懶翁和尙께서 머무셨고, 근래에는 한암漢巖 스님
과 탄허呑虛 스님, 그리고 만화萬化 스님께서 머무셨지요. 그래서
이곳에는 많은 문화재가 있습니다.

당신이 이곳에서 보는 불상, 탑, 법당, 탱화는 그냥 그런 건

물이나 그림이나 돌이 아닙니다. 당신이 보는 것은 만들어온 이들의 정성이고, 당신이 만지는 것은 지켜온 이들의 눈물입니다. 당신이 거니는 도량은 그냥 그런 산속의 절집이 아닙니다. 자장 율사께서 예불을 하고, 나옹화상께서 노래를 부르고, 한암 스님께서 참선을 하고, 탄허 스님께서 강의를 하고, 만화 스님께서 불사를 하신 자리입니다. 이 자리에 서신다면 당신도 그분들의 숨결을 직접 느낄 수 있을 것입니다.

또한 이곳 오대산은 오랜 세월 화엄사상華嚴思想을 꽃피웠던 곳입니다. 마음을 열고 바라보면 극미한 세계부터 저 광대무변한 우주까지가 하나로 어우러집니다. 갖가지 빛깔과 향기의 꽃들이 어우러져 하나의 아름다운 꽃밭을 이루듯이, 지금 이대로 만물은 제각기 찬란한 빛을 내뿜고 있습니다.

세상은 본래 아름다운 꽃밭입니다. 다만 당신에게 그것을 볼 눈이 없을 뿐입니다. 당신도 눈을 뜨면 그 아름다움에 감탄을 금치 못할 것입니다. 이곳 오대산에 깃든다는 것은 바로 그런 화엄의 세계로 들어오신다는 뜻입니다.

새
로
운

벗
들

부처님의 가르침을 따르는 이들의 공동체를 승가僧伽라 합니다. 승가는 깨달음을 통해 열반으로 향하는 사람들의 모임입니다. 불교공동체는 이기적 욕망을 버리려는 사람들의 자발적 참여에 의해 형성된 공동체이고, 그 공동체는 크게 두 가지로 구분됩니다. 하나는 출가공동체이고, 둘은 사부공동체입니다.

출가공동체는 가산과 생업을 포기하고 온전히 수행에 매진하며 살아가는 비구와 비구니들의 공동체를 말합니다. 사부공동체는 여기에 우바새와 우바이 즉 재가수행자까지 포함한 것입니다. 재가자는 가산과 생업을 유지하면서 부처님의 가르침을 실천하고, 아울러 출가수행자들을 적극 후원하는 자들을 말합니다. 사부공동체는 부처님의 가르침을 공유하고 실천하는 이념공동체의 성격이 강합니다. 출가공동체는 여기에 더해 의식주를 함께하면서 교육과 수행을 병행하는 생활공동체의 성격까지 겸하고 있습니다.

당신이 경험하게 될 공동체는 출가공동체입니다. 이 공동체에는 세상에서 경험했던 집단과 사뭇 다른 면이 있습니다. 이 공동체는 법치法治와 평등平等을 기반으로 삼습니다. 승가는 누군기의 명령에 의해 운영되는 집단이 아닙니다. 특정인의 권력과 판단을 인정하지도 않습니다. 승가에서 권위를 부여하는 것은 오직 부처님의 가르침과 계율뿐입니다. 부처님의 법률에 따라 자율적으로 운영되는 공동체, 그것이 승가입니다.

또한 승가는 평등을 원칙으로 삼습니다. 이 공동체에서는 인종이나 계급, 재산이나 사회적 지위 등에 따른 차별을 인정하지 않습니다. 심지어 성별과 나이마저도 따지지 않습니다. 의식주에 사용하는 물품 역시 평등을 지향합니다. 수행의 완성도, 인격의 성숙도에 따라 보다 존경받는 분들이 있는 건 사실이지만 그들에게만 부여되는 특권이란 없습니다. 존경받는 분들도 같은 음식을 먹고, 같은 옷을 입고, 같은 곳에서 잠자며, 그분들의 행위 역시도 부처님께서 제정한 법률에 따라 똑같이 규제되고, 대중에게 심판받습니다. 승가는 이런 곳입니다.

아난다를 비롯한 석가족 왕자들이 처음 출가했을 때, 부처님께서 말씀하셨습니다.

나의 법은 바다와 같다.

바다는 수많은 강물을

거부하지 않고 모두 받아들이며,

바다의 물맛은 언제나 하나이다.

우리 승가도 신분을 가리지 않고

모두 받아들이며, 평등한 그들에게는

올바른 법法과 율律이라는

한 맛이 있을 뿐이다.

명심하라.

계를 받은 순서에 따라 예의를 다할 뿐

신분과 귀천의 차별은 여기에 없다.

인연에 따라 사대四大가 합해진 것을

몸이라 부르지만

이 몸은 무상하고 텅 비어

'나'라고 고집할 만한 것이 없다.

진실하고 성스러운 법률을 따르고

절대 교만하지 말라.

승가공동체 안에서 서로는 부처님의 가르침을 함께 배우고, 함께 익히고, 함께 실천하는 좋은 벗, 길동무일 뿐입니다. 그래서 서로를 선우善友, 또는 도반道伴이라 칭합니다. 출가자들이 공동체생활을 하는 이유는 여러 가지입니다. 그 가운데 첫 번째는 공동체생활이 부처님의 가르침을 배우고, 익히고, 실천하는 데 크게 도움이 되기 때문입니다.

인간은 나약한 존재입니다. 좋은 가르침을 만나 좋은 뜻을 세웠다고 해도 온전히 실천하기란 쉽지 않습니다. 혼자서 불굴의 의지로 뜻한 바를 성취하는 사람은 사실 드뭅니다. 인간은 습관으로 만들어지는 존재이기 때문입니다. 오랜 세월 가속도가 붙은 나쁜 습관의 힘은 상상 이상입니다. 그 힘을 극복할 새로운 에너지를 혼자만의 힘으로 만들어내기란 결코 쉽지 않습니다. 그래서 도반과 함께하는 공동체생활이 필요합니다. 모범이 되는 훌륭한 스승, 자극이 되는 좋은 벗이 곁에 있으면 습관에 맞설 새로운 힘이 생기기 때문입니다.

출가학교 41기에 참여했던 오성석 님은 집으로 돌아가던 날 이렇게 말했습니다.

23일간의 출가생활을 통해 가장 크게 느꼈던 것은 대중의 힘이었습니다. 안내문의 설명대로 출가생활은 쉽지 않은 과정이었습니다. 하고 싶은 대로 하지 못한다는 것은 제게 큰 곤욕이었습니다.

묵은 습관을 바꾸는 그 고단한 생활을 혼자서 했더라면, 아마 저는 중도에 포기하고 말았을 것입니다. 그 어려운 일을 탈 없이 마칠 수 있었던 것은 똑같이 삭발을 하고, 똑같은 옷을 입고, 똑같은 시간에 똑같이 예불을 드리고, 똑같은 반찬에 똑같은 밥을 먹은 벗들이 있었기 때문입니다. 뒤처진 이를 혼자 내버려두지 않고, 서로 독려하고, 서로 배려하는 길동무들이 곁에 있었기 때문입니다. 그 소중한 벗들과 함께했던 시간에 감사드립니다.

또한 굳은 의지로 열심히 노력한다 해도 혼자서 수행하는 것은 매우 위험합니다. 지칫 독단에 빠질 위험성이 있기 때문입니다. 이는 불교나 유교나 마찬가지입니다. 《논어論語》〈위정편〉에서 공자도 말했습니다.

"열심히 배우기만 하고 깊이 생각해보지 않는 것은 멍청한 짓이고, 생각만 열심히 하고 배우지 않는 것은 위험한 짓이다."

처음부터 모든 것을 알고 시작할 수는 없습니다. 스스로 모든 문제를 해결할 수도 없습니다. 성인이 아니라면, 누구나 적절한 시기에 알맞은 배움이 필요합니다. 곁에서 늘 점검하고, 교정하고, 이끌어 주는 스승, 즉 선지식이 필요합니다. 그래서 공동체 생활을 하는 것입니다.

또한 스승은 많을수록 좋습니다. 다양한 면에서 다양한 지침을 제공할 수 있기 때문입니다. 같은 뜻을 가진 사람들, 나보다 훌륭한 사람들과 함께 길을 걷는다는 것은 크나큰 행복입니다. 그래서 절집에는 '대중이 공부를 시킨다'는 말이 있습니다.

머리카락을 자르고

출가자가 외형에 있어 재가자와 구분되는 가장 큰 특징은 삭발削髮과 염의染衣입니다. 출가한 사람이 가장 먼저 하는 일은 머리카락을 자르고, 물들인 옷을 입는 것입니다. 왜 머리를 자르고, 똑같은 옷을 입을까요?

사람들은 저마다 너와 다른 나만의 특성 즉 개성個性을 가지고 있습니다. 그 개성은 다양한 방식으로 표출됩니다.

"나는 너와 생각이 달라."

"나는 너와 취향이 달라."

"나는 너와 생활방식이 달라."

우리는 갖가지 방식으로 개성을 표현하며, 너와 구분된 '나만의 영역'을 지키려고 애씁니다. 머리카락을 자르고 똑같은 옷을 입는다는 것은 곧 이런 '나만의 영역'을 허물어버리는 것을 상징합니다. 왜냐하면 개성을 표현하는 가장 원초적인 방식이 헤어스타일과 패션이기 때문입니다.

왜 개성을 허물어버릴까요? A와 B라는 두 개의 물체가 정면으로 충돌하면 대략 세 가지 결과가 예상됩니다. 첫째는 A가 손상되고 B는 온전한 경우, 둘째는 A가 온전하고 B는 손상되는 경우, 셋째는 A와 B 모두 손상되는 경우입니다. A와 B 모두 온전한 경우는 없습니다. A와 B 모두 온전하려면 애초에 충돌하지 않아야 하기 때문입니다. 따라서 '정면으로 충돌한다'는 전제 하에서는 세 가지 결과 중 어느 하나만 예상할 수 있습니다.

사람 사이에서 벌어지는 일도 이런 물리적 현상과 비슷한 면이 있습니다. 삶에서 경험하는 고통의 대부분은 '나의 영역'과 '너의 영역'이 충돌할 때 발생합니다. 나의 생각과 너의 생각이 부딪힐 때, 내가 좋아하는 것과 네가 좋아하는 것이 부딪칠 때, 나의 행동방식과 너의 행동방식이 부딪칠 때, 파열음이 발생합니다. 그리고 그 결과는 나는 온전하고 네가 상처를 입거나, 너는 온전하고 내가 상처를 입거나, 너와 나 두 사람 모두 상처를 입거나입니다.

사람들은 대부분 첫째 결과에서 승자의 짜릿한 쾌감을 만끽하고, 둘째 결과에서 패자의 원한을 품고, 셋째 결과에서 허탈한 슬픔에 잠깁니다. 그래서 둘째 셋째가 아닌 첫째 결과를 초래하기 위해 부단히 애를 씁니다. 누구든 굴복시키는 나, 누구에게도 굴복당하지 않는 나, 항상 승리하는 나, 그런 전대강자가 되길 꿈꿉니다. 하지만 그건 정말 꿈일 뿐입니다. 인생살이에서 영원한 승자는 없습니다. 승리의 쾌감은 특별한 상황에서 아주 잠깐 섬광처럼 맛볼 뿐입니다. '부딪침'이 있는 한 잠깐의 기쁨과 오랜 슬픔은 필연적으로 반복됩니다.

이런 상황을 벗어나려면 어떻게 해야 할까요? 맞습니다. 충돌하지 않는 방법밖에는 없습니다. 충돌하지 않으려면 어떻게

해야 할까요? A와 B라는 두 물체가 거리를 두듯이, 상호 일정
한 거리를 유지하며 피하는 것도 하나의 방법이 될 것입니다.
하지만 부처님은 보다 기발한 해결책을 제시하였습니다. 그것
은 바로 그렇게 지키려 애쓰고, 확장하려 애쓰고, 손상되는 것
을 두려워하고, 손상되면 아파하는 그 '나만의 영역' 즉 개성에
대한 치밀한 검토입니다. 나의 영역이 없다면 부딪침은 발생하
지 않기 때문입니다. 그래서 부처님은 스스로에게 이렇게 되물
어보라고 권유하셨습니다.

언제부터 그렇게 생각했는가?
언제까지 그렇게 생각하리라고 장담하는가?
언제부터 그것을 좋아했는가?
언제까지 그것을 좋아하리라고 장담하는가?
언제부터 그렇게 행동했는가?
언제까지 그렇게 행동하리라고 장담하는가?

가만히 되짚어보면 나의 영역이란 것은 오로지 고집하는 생각으로 유지될 뿐이고, 그 생각은 한 찰나의 경험에서 시작되었다는 것을 발견하게 됩니다. 즉 한 찰나의 특정한 경험을 마음에서 놓지 못하는 것일 뿐입니다. 경험이란 끝없이 일어났다가 사라집니다. 그 가운데 어느 한순간을 집착해 '나'라고 내세운다는 것은 참으로 어리석은 짓 아닐까요? 그래서 불교에서는 머리카락을 무명초無明草라 부릅니다. 잡초처럼 무성한 어리석음이란 뜻입니다.

진흙 위에 글씨를 쓰면 흔적이 남습니다. 막대기로 스친 것은 분명 한순간인데, 오래도록 그 글씨는 지워지지 않습니다. 게다가 진흙이 말라 딱딱하게 굳으면 그 위에는 다시는 새로운 글씨를 쓸 수 없습니다. "나는 이런 사람입니다" 하며 목소리를 높이는 우리의 마음도 이와 같습니다. 하지만 물 위에 글씨를 쓴다고 상상해보세요. 막대기가 스치는 순간 잠시 일렁이긴 하겠지만 곧 사라질 것입니다. 한걸음 더 나아가 허공에 글씨를 쓴다고 상상해보세요. 아예 흔적이 생기지도 않을 것입니다.

그래서 머리카락을 자르고, 똑같은 옷을 입는 것입니다. 이는 '개성'이란 이름으로 고집부리면서 서로 상처주고 상처받던 악순환의 고리를 끊겠다는 결연한 의지의 표현입니다. 삐뚤삐뚤 써내려간 중생의 글씨를 깨끗이 지우고 하얀 백지 위에다 새롭게 반듯반듯한 보살의 글씨를 쓰고 싶다는 간절한 바람의 표현입니다. 여태 진흙과 같은 마음이었지만 이제부터라도 물과 같은 마음, 허공과 같은 마음이 되겠다고 다짐하는 것입니다.

개성을 없앤다는 것, 고정관념을 버린다는 것, 나를 내려놓는다는 것, 그건 당신에게 매우 놀라운 경험이 될 것입니다. 입던 옷을 벗고 머리카락을 잘라 어제까지의 나를 지워버리는 이 특별한 경험은 당신에게 아쉬움으로 다가올 수도 있고, 시원함으로 다가올 수도 있습니다.

출가학교 8기에 참여했던 진정순 님은 그날의 기억을 이렇게 말했습니다.

삭발을 하는 날이었습니다.

툭 툭 털어지는 머리카락, 여기저기서 흐느끼는 소리와 울먹이는 소리가 들렸습니다. 저마다 깊은 사연이 있겠지요. 하지만 저는 아니었습니다. 휑한 머리 위로 스치는 바람이 너무도 시원했습니다. 정말 태어나 처음 느껴보는 순간이었습니다. 아~ 시원하다! 푸른 하늘처럼 가슴이 탁 트이고, 마음이 날아갈 듯 가벼웠습니다.

삭발을 한 후 월정사 일주문에서부터 삼보일배가 시작되었습니다. 목탁소리에 맞춰 끝도 없이 엎드렸다 일어나는 걸 반복해야 했습니다. 몇 걸음도 못 가 무릎이 아프고 온몸이 당기더군요. 흘러내린 땀이 땅을 적시고, 땀에 젖은 흙과 모래가 이마에 범벅이 되었지요. 어느덧 삭발기념탑에 도착했습니다. 그리고 우리는 그 탑 아래에 깎은 머리카락을 미련 없이 묻어버렸습니다.

전나무 숲길 어귀에 서 있는 삭발기념탑 뒷면에는 이런 글귀가 새겨져 있습니다.

보전寶殿에 주인공이 꿈만 꾸더니

무명초無明草 몇 해를 무성했던고

금강보검金剛寶劍 번쩍 깎아버리니

무한광명無限光明이 대천세계 비추네

출가, 그리고 삭발.

여기, 자기성찰을 통한 맑고 건강한 인격체 형성과 삶의 궁극적인 문제 해결을 위해 출가한 이들의 삭발을 기념하며 무명초를 묻는다. 사바의 여정에 가끔 이곳을 들러 일주문 밖 어디쯤인가에서 서성이고 있을 초발심 때의 그 간절했던 마음을 추슬러 삶을 좀 더 치열하게 살 수 있는 지남指南이 되고자 이 탑을 세운다.

나를 지운다는 것, 처음에는 두려움으로 다가올 수도 있습니다. 하지만 걱정하지 마세요. 나를 내려놓으면 세상을 바라보는 새로운 눈이 열립니다. 고정관념에 갇힌 작은 나를 던져버리는 순간, 당신은 미처 상상하지 못했던 거대한 나와 마주하게 될 것입니다.

청나라 순치황제는 출가하면서 이런 시를 지었다고 합니다.

곳곳이 총림이요 쌓인 것이 밥인데

대장부 어디 간들 밥 세 끼 걱정하랴

황금과 백옥을 귀하다 하지 마소

가사 한 벌 얻어 입기 무엇보다 어려우니

天下叢林飯似山　鉢盂到處任君餐

黃金白璧非爲貴　惟有袈裟被最難

모든 것을 버린다는 것, 처음에는 두려움으로 다가올 수도 있
습니다. 하지만 걱정하지 마세요. 당신은 미처 상상하지 못했던
자유와 풍요로움을 만끽하게 될 것입니다.

말을
삼가다

사람이 하는 행위를 크게 세 가지로 구분할 수 있습니다. 첫째는 생각, 둘째는 말, 셋째는 신체적 행동입니다. 이 가운데 근본은 생각입니다. 생각이 말과 행동의 원인이 됩니다. 생각이 바르면 말과 행동도 바르고, 생각이 흐트러지면 말과 행동도 흐트러집니다. 따라서 삶을 근본적으로 혁신하기 위해서는 마음의 변화가 반드시 필요합니다. 하지만 생각의 변화를 이끌어내기란 쉽지 않습니다. 말과 행동의 습관 속에 갇혀 있기 때문입니다. 따라서 고갱이처럼 웅크린 생각의 정체를 밝혀 마음을 변화시키려면 먼저 겉껍질처럼 딱딱하게 굳은 말과 행동의 습관부터 제거해야 합니다. 말과 행동을 단속하지 않으면 야생마처럼 날뛰는 욕망에 끝내 고삐를 채울 수 없기 때문입니다.

그래서 부처님의 가르침에 귀의한 사람들은 계율戒律과 청규淸規를 엄수합니다. 계율이란 부처님께서 제정하신 생활규범입니다. 여기에 더해 특정 공동체 안에서 함께 생활하는 이들이 자체적으로 덧붙인 규범을 청규라 합니다. 계율에는 여러 가지가 있습니다. 그 가운데 가장 대표적인 것이 오계五戒입니다.

산생하지 말라.

도둑질하지 말라.

거짓말하지 말라.

음란한 행위를 하지 말라.

술을 마시지 말라.

출가학교에 참여한 분들은 여기에 더해 이곳만의 청규를 엄

수해야 합니다. 그 청규 가운데 하나가 바로 묵언黙言입니다. 묵
언이란 말을 삼가는 것입니다. 왜 말을 삼가도록 요구하는가?
혼탁한 마음은 입을 통해 악취를 풍기고, 맑은 마음은 입을 통
해 향기를 풍기기 때문입니다. 당신은 지금껏 어떤 말들을 해왔
습니까? 혹시 불쑥불쑥 내뱉은 말로 타인의 마음에 깊은 상처
를 남기지는 않았습니까? 당신은 지금 마음이 맑습니까? 향기
를 풍길 자신이 없다면, 그 입을 잠시 닫아두는 것도 좋습니다.

당나라 말엽에 재상을 지냈던 풍도馮道(882~954)라는 분이 지
은 설시舌詩가 있습니다.

입은 재앙의 문이요
혀는 몸을 베는 칼이다
입을 닫고 혀를 깊이 감추면
가는 곳마다 몸이 편안하리라

口是禍之門　舌是斬身刀

閉口深藏舌　安身處處宇

117

부처님께서도 제자들에게 이렇게 말씀하신 적이 있습니다.
"수행자들이여, 그대들이 해야 할 일에 두 가지가 있다. 하나는 진리에 대해 논의하는 것이요, 또 하나는 거룩한 침묵을 지키는 것이다."

물론 사람이 모여 살면서 말없이 지낸다는 것은 매우 불편하고 곤욕스러운 일입니다. 하지만 시간이 지나면, 악취를 걸러내고 향기를 골라내기 위한 신중한 선택이었다는 것을 당신 스스로 인정하게 될 것입니다. 그리고 시간이 지날수록, 저절로 겸손해지는 자신을 발견하게 될 것입니다.

출가학교 41기에 참여했던 김진도 님은 이렇게 밀했습니다.

문수선원에 들어섰다.

짧은 치마를 입고 온 앳된 아가씨, 혈기 넘치는 젊은 친구, 세상의 모든 고민을 다 안고 온 중년들, 모두 철저히 묵언을 강요당했다. 힘을 받은 활시위처럼 팽팽한 적막과 긴장의 연속이었다.

하지만 얼만큼 시간이 지나자 우리는 말 한 마디 없이도 서로를 배려하기 시작했다. 세상에 섞여 살면서 고슴도치처럼 가시를 세웠던 나의 마음 역시 햇살에 안개 풀리듯 저절로 넉넉해졌다. 묘한 일이었다.

고된 정진이 끝나면 서로의 등을 두드려주고, 거친 산길에서는 서로 손을 내밀었다. 자신을 낮춘다는 것, 거기에 말은 필요치 않았다. 그렇게 서로를 배려하고 격려하는 따뜻한 눈길과 손길 속에서 우리는 자신을 낮추는 법을 스스로 알아갔다.

묵언이 아니었다면 있을 수 없는 일들이었다.

묵언 외에도 이곳에서 지켜야 할 청규는 많습니다. 이곳에서 생활하려면 단단히 마음먹어야 합니다. 새벽 3시에 시작되는 하루 일과는 저녁 9시나 되어야 끝이 납니다. 구성원들은 그 일과에 빠짐없이 모두 참여해야 하고, 개인행동은 허락되지 않습니다. 때 아닌 때에 음식을 먹고, 때 아닌 때에 잠을 자는 것도 통제됩니다. 마당을 쓸고, 걸레질을 하고, 필요한 노동을 함에 있어서도 예외란 없습니다.

왜 이렇게 엄격한 규율을 세울까요? 습관의 벽을 뚫기란 쉽지 않기 때문입니다. 창호지 한 장을 뚫더라도 손끝에 힘을 모아야만 팍! 하고 뚫립니다. 하물며 긴긴 세월 익혀온 나쁜 습관들이겠습니까. 결연한 마음가짐이 아니고서는 그 장벽을 허물 수 없습니다.

당나라 때 황벽희운黃檗希運(?~850) 선사는 이렇게 노래했습니다.

번뇌를 훌쩍 벗어나는 것 보통 일 아니니
고삐를 단단히 쥐고 한바탕 애를 써라
한차례 뼈에 사무치는 추위가 없다면
코를 찌르는 매화 향기가 어찌 있으랴

塵勞迥脫事非常　緊把繩頭做一場
不是一翻寒徹骨　爭得梅花撲鼻香

계율과 청규를 지키며 빡빡한 일정을 소화하자면 무척이나

고단할 것입니다. 하지만 그 고단함을 견디다 보면 당신은 어느
새 눈서리 속에서도 꿋꿋한 한 그루 매화나무를 닮아있을 것입
니다.

출가학교 40기에 참여했던 임철우 님은 이렇게 말했습니다.

삶에 전환점이 필요하다는 생각에 큰맘 먹고 출가학교에 들어왔
다. 스님들과 지내면서 깊이 토의하다 보면 뭔가 해답을 찾을 수도
있을 것 같았다. 그런데 이게 어찌된 일인가?

다짜고짜 옷을 갈아입히더니, 묵언이라며 아무 말도 못하게 하
는 것이 아닌가! 수첩과 볼펜을 던져주면서 할 말이 있으면 종이에
써서 하란다.

그게 다가 아니다. 다음 날 새벽엔 일사천리로 머리를 빡빡 깎으
란다. 생각해볼 틈도 없었다. 어리둥절 머리를 깎이다가 옆을 돌아
보았다. 저 사람이 여자인지 남자인지 구분도 가지 않고, 노인인지
젊은이인지도 알 수가 없었다.

더군다나 난생 처음 삭발한 머리에 심란해서 눈물이 나 죽겠는

데, 눈물도 마르기 전에 팔뚝을 불로 지지고, 월정사 정문으로 끌고 가더니만 월정사 적광전까지 삼보일배를 시키는 것이 아닌가! 간밤에 설친 잠에다가 정신을 차릴 수가 없었다. 아무래도 주소를 잘못 찾은 듯했다.

걸을 때는 손을 가지런히 모으고, 눈을 두리번거려서도 안 되고, 앉을 때는 무릎을 꿇고 앉으란다. 머리를 빡빡 깎은 죄수나 별반 차이가 없었다. 아니, 감옥의 죄인도 이렇게까지는 하지 않겠다 싶었다. 이건 돈 주고 뺨 맞는 격이라고나 할까?

탈출을 하자니 자존심이 허락하지 않고, 돌려받지 못할 입학금도 아까웠다. 그래서 그냥 버텨보자고 마음먹었지만, 여기서기 쑤시는 몸에다 벙어리 행세까지 해야 하니 똥 마려운 강아지마냥 혼자서 끙끙대는 수밖에 없었다.

그런데 하루, 이틀, 삼일…… 일주일, 열흘 정도 지나자 이상한 변화가 일어나기 시작했다. 새벽 3시에 일어나 저녁 9시까지, 주말에 휴일도 없는 빡빡한 교육 일정이었다. 누적된 피로에 틈만 나면 꾸벅꾸벅 졸기 일쑤였다. 그렇게 몸이 힘들었는데, 시간이 지나자

122

마음이 조금씩 편안해지면서 불만이 서서히 사라지는 것 아닌가!

이건 도저히 말이 되지 않는 상황이었다.

절집 식사
발우공양

절집의 식사법은 독특합니다. 절에서는 온 대중이 차례에 맞춰 줄지어 앉아 똑같은 음식을 골고루 나눠 먹습니다. 또한 네 개의 그릇을 펴는 일부터 시작해 네 개의 그릇을 다시 포개기까지 까다로운 일련의 과정이 엄숙한 예식처럼 진행됩니다. 이것을 흔히 발우공양이라 합니다.

이런 식사법의 원형은 부처님 시대로 거슬러 올라갑니다. 발우는 밥그릇을 뜻합니다. 부처님과 부처님의 제자들은 하루 한 끼의 식사를 구걸에 의존하셨습니다. 아침 해가 하늘 높이 솟아오르면 스님들은 조용한 걸음으로 기러기처럼 줄지어 마을로 향했고, 각기 일곱 집을 돌면서 음식을 조금씩 보시 받았습니다. 그리고는 다들 한자리에 모여 많이 받은 사람이 적게 받은 사람과 나누어 공평하게 음식을 먹었습니다. 그러고도 남는 음식이 있으면 다른 걸인에게 나눠주었고, 사람이 없으면 새나 짐승에게 나눠주었습니다. 그렇게 감사한 마음으로 한 끼 식사를 마치면, 그릇과 손발을 깨끗이 씻고 설법을 듣거나 각자 수행하던 장소로 돌아갔습니다.

이런 식사법은 오랜 역사를 거치면서 지역과 환경에 따라 조금씩 변화하게 되었습니다. 특히 중국과 우리나라에서는 걸식乞食이 줄고 사찰에서 직접 음식을 요리하는 방식이 성행하게 되었습니다. 비록 걸식의 풍습은 사라졌지만 음식을 공평히 나누고, 한 끼의 식사에 감사하고, 은혜를 갚기 위해 더욱 열심히 수행하겠노라 다짐하던 전통은 면면히 이어졌습니다. 그 전통이 정형화된 것이 바로 발우공양입니다.

당신은 이 까다로운 식사법을 통해 많은 것을 새롭게 깨닫게 될 것입니다. 살기 위해서 먹는 걸까요, 먹기 위해서 사는 걸까요? 사람들은 쉽게 대답합니다. 살기 위해서 먹는 거라고. 하지만 정말 그런가요? 한번쯤 곰곰이 되돌아보아야 합니다. 발우공양에서는 대중이 먹을 음식이 미리 정해집니다. 그 양도 풍족하지 않고, 반찬 역시 소박하기 그지없습니다. 당신은 그 보잘 것없는 음식 앞에서 미처 알지 못했던 자신의 식욕食慾과 마주하게 될 것입니다.

출가학교 41기 김민경 님은 그때의 심정을 이렇게 고백했습니다.

첫날이었다. 괴로운 마음으로 백팔배를 끝냈다. 이제 해방이다.

그리고 발우공양 시간. 발우공양은 내가 매우 고대했던 체험이다. 네 줄로 방석을 깔고 두 줄씩 마주 앉았다. 죽비를 든 청중 스님은 연신 다그쳤다.

"방석의 끝선을 맞추세요!"

"발우를 옆 사람과 나란히 놓으세요!"

"행동 하나하나에 집중하며 항상 깨어 있어야 합니다!"

새벽부터 절을 하고 요가를 했으니, 뱃가죽이 등에 붙을 지경이
었다. 드디어 밥과 국이 차례차례 나눠지고, 반찬이 담긴 상이 들어
왔다. 네 명이서 그 반찬을 나눠 먹어야 했다.

혼자 먹어도 시원찮을 양을 넷이서 나눠 먹자니 망설임이 이만
저만이 아니었다. '저 사람도 나만큼 먹고 싶겠지' 싶어 양보하는
마음을 냈다가도, 내가 먹고 싶던 반찬을 옆에서 날름 집어가면 은
근히 부아가 치밀었다.

반찬 한 조각에 욕심을 부리고 화를 내고 있는 나 자신이 유치하
고 부끄러웠다. 그래서 나는 '반찬 한 조각 더 먹어서 살림살이 좀
나아지셨습니까?' 하며 스스로를 질책하고 다독였다. 하지만 음식
욕심은 쉽게 사라지지 않았다.

목숨을 보전하기 위해 필요한 음식은 사실 얼마 되지 않습니
다. 그것을 먹지 않아도 생명에 전혀 지장이 없는 경우가 허다
합니다. 하지만 적은 반찬을 곁의 사람과 나눠 먹다보면 김치조

각 하나 선뜻 양보하지 못하는 자신을 발견하게 됩니다. 욕심이
란 이렇게 뿌리 깊은 것입니다. 먹기 위해 살지 않노라고 어찌
감히 장담하겠습니까.

음식을 앞에 두면 입안에 넣기 바쁘고, 맛을 평가하기에 바
쁩니다. 어떻게 그 음식을 먹게 되었는지 연유를 생각해보지 않
고, 그 음식에 누구의 수고로움이 깃들어 있는지 생각해보지 않
고, 그 감사함을 어떻게 갚아야 할지 생각해보지 않습니다. 그
러니 음식 앞에서 부끄러움, 감사함, 보은의 다짐이 있을 수 없
습니다. 그저 맛있는 것을 골라 더 빨리 더 많이 먹기에 바쁩니
다. 어떻습니까? 먹기 위해 살지 않노라고 장담하겠습니까.

발우공양을 할 때, 한 그릇의 음식을 공손히 받쳐 들고 부르
는 게송이 있습니다.

이 공양이 어디에서 왔는가?

내 넉행으로 받기가 부끄럽네.

마음의 온갖 욕심을 버리고

이 몸을 지탱하는 약으로 알아

깨달음을 이루고자

이 공양을 받습니다.

우리 앞에 놓인 것은 쌀 한 톨이 아닙니다. 그건 싹을 틔우고 키워준 포근한 봄바람 한줌이고, 뙤약볕 아래 농부의 땀 한 방울이고, 수확하고 배달한 이들의 고단한 하루이고, 깨끗이 씻어 군불을 땐 이들의 뻐근한 어깨입니다. 당신은 그들에게 무엇을 주었습니까? 몇 푼의 돈으로 보상했다는 생각은 마십시오. 그런 생각은 당신의 교만을 키울 뿐입니다. 당신은 그들의 노고를 너무도 쉽게, 너무도 편안히 소비하고 있습니다. 당신은 과연 그럴 가치가 있는 사람입니까? 만약 적절한 보상 없이 그들의 노고를 소비하고 있다면 당신은 빚쟁이입니다. 당신은 그들의 은혜를 어떻게 갚을 생각입니까? 이 질문에 대답할 수 있어야 비로소 당신은 먹기 위해 사는 사람이 아니라 살기 위해 먹는 사람이 될 수 있습니다.

또한 발우공양에서는 음식물을 남기지 않습니다. 밥그릇에 묻은 밥알 하나 고춧가루 하나까지 씻어서 먹습니다. 왜 그럴까요? 아주 오래 전에 〈늑대와 춤을〉이라는 영화를 본 적이 있습니다. 그 영화에 들소 떼가 가죽이 벗겨진 채 들판에 널브러져 있는 것을 인디언들이 보고 경악하는 장면이 나옵니다. 서양이주민들이 들소 가죽을 사용하기 위해 무자비하게 학살했던 것입니다. 물론 인디언들도 들소를 잡아먹고 그 가죽을 사용합니다. 하지만 그들은 들소를 잡아먹더라도 꼭 필요한 양만 최소한으로 잡았고, 자신들을 위해 희생된 들소에게 감사하며 그 영혼을 위로했기 때문입니다.

지금 우리 사회의 식탁문화는 그 들판 못지않게 폭력적입니다. 자랑하듯이 푸짐한 음식을 차리고, 차려진 그 음식의 많은 부분을 쓰레기통에 버립니다. 이래도 되는 걸까요? 지금 식탁에 오른 음식은 조금 전까지만 해도 살아 숨 쉬는 생명체였습니다. 죽음을 두려워하고 살려고 발버둥치는 것은 생명체의 공통된 특성입니다. 아무리 미물이라도 말입니다.

우리는 그런 생명체들의 희생을 대가로 하루하루를 살아가는 것입니다. 그러니 그들의 고귀한 희생을 헛되이 해서는 안 됩니다. 함부로 취해서도 안 되고, 취했다면 감사해야 하고, 낭비하는 일이 없어야 합니다. 그것이 음식이란 이름으로 불리고 있는 수많은 생명체에 대한 최소한의 예의입니다.

사람이 목숨을 유지하자면 먹는 것은 당연히 일입니다. 그것을 부정하는 것이 아닙니다. 다만 알고 먹는 사람이 되자는 것입니다. 주어진 음식의 소중함을 알고, 음식을 마련해 준 이들에게 감사할 줄 알고, 나에게 필요한 양이 어느 정도인지 알고, 필요한 양을 채우면 만족할 줄 알고, 그 음식의 힘으로 보람된 일을 할 줄 아는 사람이 되자는 것입니다. 발우공양을 하다보면 당신은 어느새 그런 사람이 되어 있을 것입니다.

출가학교 18기에 참여했던 차원석 님은 이렇게 말했습니다.

새벽 3시부터 저녁 9시까지 이어지는 일정이 힘들기는커녕 즐거웠다. 숲 속을 거닐면서 '나는 누구인가?' '어디서 와서 어디로 가

는가?'를 묻고 있는 나 자신이 너무나 행복했다. 공양시간은 또 어

떤가. 쌀 한 톨에 이렇게 깊은 의미가 담겨 있을 줄이야! 첨단화된

편리한 세상에서 모든 것을 쉽게 돈으로 환산하며 살아가는 현대인

들이 과연 이것을 알까?

끝없이 머리를 숙이고

절집의 하루는 예불禮佛로 시작합니다. 이른 새벽, 정갈한 마음가짐으로 차가운 마룻바닥에 이마를 조아리며 거룩하신 성자께 하루의 첫인사를 드립니다. 고요한 적막 속에서 맞이하는 그 장엄한 음률은 늘 가슴을 울립니다. 출가학교 1기에 참여했던 송광섭 님은 그 감동을 이렇게 표현했습니다.

새벽의 어둠을 가르며 범종이 울려 퍼지고, 중생의 무명無明을 깨우는 법고 소리가 둥둥거렸다. 촛불을 밝히고 한 자루 향이 하얗게

피어오르자 부처님이 그 장엄한 모습을 드러내셨다. 곧이어 맑은 목탁 소리가 울리고, 낭랑한 스님의 염불 소리가 천상의 음악처럼 법당에 메아리쳤다.

"지심귀명례-"

바닥에 이마를 붙이고 공손히 두 손을 받들어 절을 올렸다. 그 순간, 알 수 없는 전율이 온몸을 휘감았다. 안과 밖의 경계가 허물어지고, 나라는 존재가 흔적도 없이 사라졌다. 그리고 그 빈자리에 텅 빈 고요함이 일렁였다. 그 경험은 나에게 오래토록 잊히지 않는 찰나가 되었다.

고개를 숙이고 절을 올리는 행위는 여러 모로 유익합니다. 그래서 출가학교에서는 예불은 물론이고 백팔배, 삼천배, 삼보일배 등 다양한 방법으로 절을 많이 합니다. 그 대상이 부처님이 아니라도 좋습니다. 신이건 사람이건, 심지어 돌이건 나무건 상관없이 깊이 고개를 숙이고 절을 올리는 행위는 많은 유익함을 가져다줍니다. 그 유익함 가운데 첫 번째는 교만을 꺾고 겸손함을 길러주는 것입니다.

중생의 병은 항상 상相에서 시작됩니다. '나는 이런 사람', '너는 저런 사람'이란 생각에서 시작됩니다. 그런 생각이 있으면 나와 너를 비교해 우열을 가리는 마음이 쉬지 않습니다. 그래서 '내가 너보다 낫다' 싶으면 우쭐해 하며 상대를 무시하고, '내가 너보다 못하다' 싶으면 우울해 하며 상대를 질투합니다.

이런 상을 꺾으려면 겸양을 배워야만 합니다. 사사건건 '나'를 내세우던 습성은 쉽게 꺾이지 않습니다. 그 교만에서 비롯된 시기와 질투, 미움과 원망 역시 쉽게 사라지지 않습니다. 하지만 이마가 땅바닥에 닿도록 끝없이 고개를 숙이다보면 자기도 모르게 그 교만이 왈칵 쏟아져 나옵니다. 그렇게 스스로를 낮추고 비우면 세상 모든 것이 아름답게 보이기 시작합니다. 세상 모든 것이 아름답게 보이면 저절로 좋은 일들이 생기고, 만사에 감사한 마음이 우러나게 되는 것입니다.

절을 한다는 것은 예배하고 찬탄하는 시간을 가지는 것입니다. "존경하는 사람이 있는 자는 행복하다"는 말이 있습니다.

바라만 보아도 절로 고개가 숙여지고, 그 음성만 들어도 절로 미소 짓게 되고, 늘 가슴에서 지워지지 않는 그런 사람이 있다는 것은 매우 행복한 일입니다. 힘겹고 답답할 때에는 그 얼굴을 보고, 그 음성을 듣고, 그 이름을 가만히 불러보는 것만으로 큰 위안을 받습니다. 불교도들에게 그 사람은 바로 부처님입니다. 그래서 불자들은 늘 그분께 예배하고, 그분을 찬탄하며, 그분의 이름을 부릅니다.

좋아하면 저절로 닮게 됩니다. 당신이 부처님을 존경하고, 부처님께 예배하고, 부처님을 찬탄하고, 부처님의 이름을 부르면 당신은 조금씩 부처님을 닮아가게 됩니다. 그분을 생각하며 길을 걸어보세요. 당신의 걸음은 어느새 반듯해져 있을 겁니다. 이야기를 나눌 때 그분을 떠올려보세요. 당신의 말투는 어느새 부드러워져 있을 겁니다. 그분을 생각하며 일을 해보세요. 어느새 주변 사람들이 당신이 한 일을 칭찬하고 있을 것입니다. 그분을 생각하다보면 가슴을 짓눌렀던 슬픔과 분노가 소나기에 씻긴 듯 말끔히 사라질 겁니다. 그리 애태우게 하고 슬프게 하고 화나게 했던 일들이 문득 아지랑이 같고, 물거품 같고, 꿈속에서 만난 사람과 같고, 환상과 같다는 것을 깨닫게 될 것입니다. 그렇게 하루하루를 보내다보면 어느새 당신은 진흙탕에서 핀 연꽃처럼 아름다운 향기를 풍기고 있을 겁니다.

이런 변화가 당신에겐 신비하게 느껴지실 겁니다. 이것을 가피加被, 즉 부처님과 보살님을 비롯한 여러 성현의 은혜를 입은 것이라고 합니다. 부처님과 보살님은 "모든 생명체들이 겪는 온갖 고통과 공포를 없애주리라"고 서원을 세운 분들입니다. 당신의 마음이 간절하다면 부처님과 보살님이 당신의 부름에 반드시 응답할 것입니다. 그러면 당신을 지배하던 슬픔과 공포가 말끔히 사라지고, 당신 얼굴에 부처님의 미소가 감돌게 될 것입니다.

또한 절을 한다는 것은 참회懺悔의 시간을 갖는다는 뜻이기도 합니다. 참회란 지난 허물을 뉘우치고 반성하는 것입니다. 누군들 허물이 없겠습니까. 세상을 살다보면 누구나 과오가 있기 마련입니다. 어쩌면 허물이 있다는 것은 크게 잘못된 것이 아닙니다. 정말 큰 잘못은 그 허물을 부끄러워할 줄 모르고, 고치려 하지 않는 것입니다. 지나온 길을 돌아보지 않는 사람은 새로운 길을 걸을 수 없습니다. 과거와 다른 삶을 선택하게 되는 계기는 오직 깊은 뉘우침뿐입니다. 끝없이 머리를 조아리며 절을 하고 또 절을 한다는 것은 그 깊은 뉘우침의 표현입니다.

또한 절을 한다는 것은 서원誓願의 시간을 가지는 것입니다. 서원이란 맹세와 다짐입니다. 어제와 다른 오늘을 맞이하기 위해서는 어제에 대한 반성이 있어야 합니다. 후회는 꼭 필요한 과정입니다. 하지만 후회에 사로잡혀 회한의 눈물로 세월을 보낸다면, 그긴 바람직하지 않습니다. 그긴 고통의 연속입니다. 반드시 새롭게 한걸음을 내디뎌야 합니다. 과거의 잘못을 알았으면 다시는 짓지 않겠다고 다짐해야 합니다. 그리고 앞으로는 이렇게 하겠노라고 맹세해야 합니다. 이것이 서원입니다.

예배하고, 찬탄하고, 참회하고, 서원하는 시간은 당신에게 많은 변화를 가져다 줄 것입니다.

출가학교 28기에 참여했던 임원종 님은 이렇게 말했습니다.

저는 한 사람을 지독히도 미워했습니다. 그건 바로 나 임원종입니다. 제 인생이 너무 하찮아 부끄러웠고, 그런 저 자신을 도저히 용서할 수 없었습니다. 괴로웠습니다. 그 생각을 잠시나마 잊을 수 있는 시간은 오직 절하는 순간뿐이었습니다. 그래서 틈만 나면 법당으로 달려가 미친 듯이 절만 했습니다. 그래야 숨이라도 쉴 수 있었습니다. 무릎이 까지도록 엎드리고 또 엎드리면서 기도하고 또 기도했습니다.

"부처님, 제발 저 자신을 용서할 수 있게 해주세요."

시간이 지나자 저도 모르게 분노와 증오가 가라앉고, 어느 순간 눈물이 왈칵 쏟아졌습니다. 가면 속에 감춰져 있던 상처투성이 저의 얼굴을 보았기 때문입니다.

"미안하다. 너무 미워해서."

땀과 눈물에 옷이 젖고 방석마저 축축이 젖었습니다. 그러는 사이 응어리진 마음이 조금씩 풀어지기 시작했습니다. 그리고 연민의 정이 솟았습니다.

"많이 외롭고 힘들었겠구나."

자신이 가여워 끝없이 절을 했습니다. 신기하게도 힘이 들면 들수록 땀을 흘리면 흘릴수록 맑은 물로 샤워한 듯 마음이 개운하고 상쾌했습니다. 그렇게 저는 처음으로 저 자신을 용서했습니다.

돌이켜보니 가족들, 친구들, 그리고 인연 맺은 여러 사람들에게 못할 짓을 참 많이도 하였더군요. 그래서 그 잘못을 참회하면서 또 정성스럽게 절을 하였습니다. 그렇게라도 해야 웃으면서 그들을 다시 볼 수 있을 것 같았습니다. 하염없이 시간이 흐르고, 눈물이 흐르고, 마음도 조금씩 가벼워졌습니다. 그제야 모든 것이 고맙고 감사하더군요.

오물이 가득 찬 병이 있다고 상상해보세요. 그 병에 담긴 물은 당신도 다른 사람도 마실 수 없습니다. 마실 수 없을 뿐 아니라 냄새만 맡아도 얼굴을 찡그릴 정도입니다. 현재 당신이 무언가로 인해, 누군가로 인해 가슴이 답답하고 짜증스럽다면 당신의 마음은 그런 병 속에 담긴 물과 같습니다. 그런 마음은 당신에게도 타인에게도 유익하지 못합니다. 그런 마음은 빨리 버리는 것이 상책입니다.

하지만 탁한 마음은 생각만큼 쉽게 버려지지 않습니다. 병에 담긴 더러운 물을 비우려면 먼저 뚜껑을 열어야 합니다. 뚜껑을 열지 않으면 앞뒤로 아무리 기울여도 물은 쏟아지지 않습니다. 당신 마음에 가득한 번민을 비우고 싶다면 먼저 당신의 마음을 활짝 여십시오. 자존심이나 부끄러움 때문에 감추고 표현하지 않는다면, 병 속에서 더러운 물이 썩어가듯 당신의 마음도 깊이 병들어갈 것입니다.

부처님은 이 세상에서 가장 자비로운 분이십니다. 그분은 당신을 꾸짖거나 나무라지 않습니다. 당신의 마음이 아무리 고약한 냄새를 풍겨도 그분은 결코 얼굴을 찡그리거나 고개를 돌리지 않습니다. 그러니 용기를 내어 이렇게 말해보십시오.

"부처님, 제 마음 속에 이렇게 오물이 많습니다."

그리고 병을 기울이듯 당신의 몸을 낮춰 절을 하십시오. 병을 조금 기울이면 더러운 물도 조금밖에 버려지지 않습니다. 병을 많이 기울일수록 병 속의 오물은 많이 버려집니다. 병을 거꾸로

뒤집듯, 이 세상에서 가장 낮은 자리로 당신을 던져보십시오. 그렇게 온몸이 땀에 젖도록 열심히 절을 하다보면, 어느새 정화된 몸과 마음에 당신도 깜짝 놀랄 것입니다.

부처님은 이 세상에서 가장 지혜로운 분이십니다. 당신의 마음속 오물이 비워지면, 부처님은 그 빈자리에 지혜의 샘물을 가득 담아주십니다. 그 물은 당신의 영혼뿐 아니라 타인의 영혼까지 시원하게 적셔줄 것입니다.

「나」 그 속을

거닐다

　많은 수행법이 있습니다. 그 가운데 가장 대표적인 것은 선禪입니다. 선이란 산스크리트어 Dhyāna의 음역인 선나禪那에서 온 말입니다. '선나'를 줄여 '선'이라 한 것이지요. 선나는 '고요히 생각하다(靜慮)'라는 뜻입니다. 깊이 생각하다, 찬찬히 살펴보다, 조용히 점검해보다로 해석해도 될 것입니다.

　'고요히 생각하다'에는 두 가지 행위가 담겨 있습니다. 하나는 고요히 하는 것이고, 또 하나는 생각하는 것입니다. '고요히 하다'와 '생각하다'는 술어이니, 목적어가 필요합니다. 무엇을 고요히 하는 것일까요? 어지러운 생각들, 골치 아픈 생각들, 회한과 슬픔과 번민과 분노를 일으키던 생각들을 고요히 하는 것입니다. 즉 그런 생각들을 멈추고, 버리고, 비우는 것입니다. 이것을 사마타Samatha, 즉 지止라 합니다. 무엇을 생각하는 것일까요? '나'와 '세상'입니다. '나'라고 불리고 있는 그것, '너'라고 불리고 있는 그것, '무엇'이라 불리고 있는 그것을 세밀히 관찰해보는 것입니다. 인내심을 가지고 침착한 마음으로 '그것'에 대해 다시 생각해보는 것입니다. 성급함은 금물입니다. '그건 이렇다!'고 쉽게 단정 짓지 말고 선입견을 버리고, 편견을 버리고, 독단을 버리고, 직접 두 눈으로 찬찬히 살펴보는 것입니다. 이것을 위빠싸나Vipasana, 즉 관觀이라 합니다. 그래서 선을 지관止觀이라고도 합니다.

어지럽던 생각들을 멈추면 마음이 고요히 안정됩니다. 이것을 정定이라 합니다. 인내심을 가지고 침착하게 다시 살펴보면 깜짝 놀랄 만한 사실들을 새롭게 깨닫습니다. 이것을 혜慧라고 합니다. 그래서 선을 정혜定慧라고도 합니다.

부처님으로부터 시작된 선수행법은 오랜 역사를 거치면서 다양한 방식으로 개발되었습니다. 그 가운데 하나가 간화선看話禪입니다. '간看'은 '보다'라는 뜻이고, '화話'는 '화두話頭'의 준말로 말씀 또는 이야기를 뜻합니다. 누구의 말씀, 누구의 이야기인가? 바로 부처님이나 깨달음을 얻은 훌륭한 스님들의 말씀과 이야기입니다. 간화선이란 부처님이나 역대 조사께서 하신 말씀과 행동을 면밀히 탐구함으로써 번뇌로부터 해방되는 명상법을 말합니다.

예를 하나 들어보겠습니다. 당나라 말엽에 설봉雪峰(821~908) 선사라는 분이 계셨습니다. 그분은 학인이 찾아오면 다짜고짜 먹살을 틀어쥐고 이렇게 물었습니다.

"이게 뭐냐?"

뛰어난 스승을 찾아 천릿길을 마다 않고 찾아온 이들은 다들 훌륭한 분들이었습니다. 오랜 시간 책을 보고, 사색과 토론을 하고, 명상을 한 분들이었습니다. 그래서 남들이 불법에 대해 물으면 설명도 척척 잘하던 분들이었습니다. 하지만 설봉 스님의 다그침에는 꿀 먹은 벙어리마냥 한 마디도 대답하지 못했습니다. 이것이 화두입니다.

이게 뭡니까? 앉고, 서고, 걷고, 눕는 이게 뭡니까? 보고, 듣고, 냄새 맡고, 맛보고, 느끼고, 생각하는 이게 뭡니까? 밥 먹고, 일하고, 말하고, 잠자는 이게 뭡니까? 태어나, 늙고, 병들고, 죽는 이게 뭡니까? 좋아하고, 싫어하고, 사랑하고, 미워하는 이게 뭡니까? 좋아하는 걸 얻었다고 기뻐하고, 좋아하는 걸 잃었다고 슬퍼하는 이게 도대체 뭡니까?

당신은 뭐라고 대답하시겠습니까? '나'라고 대답하시겠습니까? 아니면 이름 석 자를 대시겠습니까? 그럼 그 '나'라는 것을 한번 꺼내보세요. 도대체 그 '나'의 정체가 뭡니까?

우리는 "나는 슬프다"고 말하고, "나는 기쁘다"고 말합니다. 그럼, 당신에게 묻겠습니다. 슬픈 것이 당신입니까? 기쁜 것이 당신입니까? 기쁘기도 했다가 슬프기도 하는 것이 당신입니까? 기쁨이나 슬픔과 상관없는 것이 당신입니까?

만약 '슬퍼하고 있는 것'이 정말 당신이라면, 당신은 평생 슬퍼해야 합니다. 만약 '기뻐하고 있는 것'이 정말 당신이라면, 당신은 평생 기뻐해야 합니다. 왜냐하면 당신은 슬픈 그 순간, 기쁜 그 순간만 존재하는 것이 아니기 때문입니다. 당신은 과연 그렇습니까?

만약 '기쁘기도 했다가 슬프기도 한 것'이 당신이라면 기쁜 순간도 당연한 것으로 받아들여 들뜨지 않고 슬픈 순간도 당연한 것으로 받아들여 눈물을 보이지 않아야 합니다. 당신은 과연 그렇습니까? 왜 당신은 기쁜 순간을 그리도 좋아하고 슬픈 순간을 그리도 싫어합니까?

만약 '기쁨이나 슬픔과 상관없는 것'이 당신이라면 당신은 기쁨이나 슬픔과 상관없는 존재이니, "나는 기쁘다" "나는 슬프다"고 말하지 말아야 합니다. 당신은 과연 그렇습니까?

"나는 기쁘다"며 공연히 들뜨지 말고, "나는 슬프다"며 하염없이 눈물짓지 말고, 찬찬히 다시 살펴보길 바랄 뿐입니다. 그럴 때 필요한 것이 화두입니다.

'기뻐하고 슬퍼하는 이게 뭘까?'

곰곰이 살피다보면 당신은 깜짝 놀라게 될 것입니다. 찬찬히 살펴본 '그것'은 당신이 여태 알고 있던 '그것'과 너무 다르기 때문입니다. 당신은 그것에 대해 제대로 알지 못하면서 그것을 사랑하고, 또 그것을 미워했던 것입니다. 그것에 대해 제대로 알지 못하면서 그것 때문에 기뻐하고, 또 그것 때문에 슬퍼했던 것입니다. 그것에 대해 제대로 알지 못하면서 꿈에 부풀고, 또 잠 못 이루며 밤을 지새웠던 것입니다.

진실은 당신의 침착한 눈길을 기다리고 있습니다. 진실에 눈을 뜨면 자신과 세상이 새롭게 보일 것입니다. 그때 비로소 당신은 자신과 세상을 진정으로 이해하고 사랑하게 될 것입니다.

출가학교 40기에 참여했던 임철우 님은 이렇게 말했습니다.

있는 그대로 바라보고 느끼며 숲길을 거니는 시간은 경이로움 그 자체였습니다. 새소리, 물소리, 나무, 꽃, 다람쥐, 나비, 벌, 숲과 흙냄새, 스쳐지나가는 바람 소리, 나뭇잎 살랑대는 소리. 늘 곁에 있는데도 몰랐던 것들이 비로소 보이고, 들리고, 느껴지기 시작했습니다. 희열이 물밀듯 밀려왔습니다.

지천에 널린 잡초가 바로 스승이었습니다. 보아주는 이 하나 없어도 꽃을 피우고, 향기를 풍기고, 벌과 나비를 불러다 꿀을 선물하는 잡초. 알아주는 이 하나 없어도 불평하지 않고, 무심한 발길질에 채여 뿌리가 뽑혀도 한탄하지 않는 잡초. 그저 말없이 꽃을 피웠다 사라져가는 잡초들 앞에서 저는 감사하지 않을 수 없었습니다.

서대를 돌아 상원사를 거쳐 선재길 계곡으로 내려오던 길, 바람결에 하얗게 흩날리던 벚꽃 잎을 바라보며 분명히 알 수 있었습니다. 나 역시 한 조각 꽃잎처럼 잠시 머물다 가야만 하는 존재라는 것을 말입니다.

숲 속을 거닐듯 조용히 '나' 속을 거닐어보세요. 미움도 내려놓고, 원망도 내려놓고, 슬픔도 내려놓고, 아쉬움도 내려놓고, 천천히 그 속을 거닐어보세요. 내 목소리를 줄이면 바람 소리 새소리가 비로소 들리듯, 분분한 감정과 생각을 내려놓으면 비로소 당신의 참모습이 보이기 시작할 것입니다.

어느 스님이 물었다.

"어떤 것이 부처입니까?"

동산洞山 스님이 말했다.

"마 삼 근이다."

수 도
修道

가 새 길 을
다

앎과 실천

변화의 시작

오색이 영롱한 구슬

텅 빈 거울처럼

현실에 충실하기

편견과 선입견을 버리고

주인공의 삶

앎 과
실 천

도道는 길이란 뜻입니다. 이곳에는 부처님께서 일러주신 길,
당신이 새롭게 걸어야 할 길에 대해 일러줄 좋은 길잡이들이 기
다리고 있습니다. 당신은 그분들을 통해 많은 가르침을 받고,
많은 것들을 새롭게 알게 될 것입니다. 하지만 배움에 그치고
실천으로 이어지지 않는다면, 입으로만 말하고 행동으로 옮기
지 않는다면, 그 새로운 앎은 당신의 삶에 그다지 도움이 되지
않습니다. 그런 지식은 도리어 당신의 교만을 키우고, 고집을
강화시킬 위험성까지 안고 있습니다. 그래서 불교는 깨침을 허

락하고, 실천을 허락하지, 도에 대한 앎은 허락하지 않습니다.

당나라 때의 선승 대주혜해大珠慧海 선사의 어록집인 《돈오입
도요문론頓悟入道要門論》에 이런 이야기가 나옵니다.

대주혜해 선사에게 한 제자가 물었습니다.

"왜 경전을 외우지 못하게 하십니까? 왜 경전을 남의 말이라 하
십니까?"

대주혜해 선사가 말씀하셨습니다.

"앵무새가 사람 말을 배우지만 말에 담긴 사람의 뜻을 모르는 것
과 같은 이치다. 경전은 부처님의 뜻을 전하는 도구이다. 부처님의
뜻은 얻지 못하고 그저 외우기만 한다면, 부처님의 말만 배우는 사
람에 지나지 않는다. 그래서 허락하지 않는다."

수도修道, 도를 닦는다는 것은 부처님의 가르침을 실천하는
것입니다. 도, 진실, 진리, 부처님과 성현들의 가르침, 그것을
알기는 오히려 쉽습니다. 하지만 그렇게 되기란 진실로 어렵습

니다. 중국 북송시대에 소동파蘇東坡라는 분이 계셨습니다. 그는 문장으로 이름난 당송팔대가 중 한 분으로 유교는 물론이고 불교에도 조예가 깊었습니다. 그분은 왕안석의 신법당新法黨과 대립하던 구법당舊法黨에 속했습니다. 왕안석에게 밀려나 지방에서 소일하던 소동파는 어느 날 문득 좋은 시상이 떠올랐습니다. 그래서 시를 한 수 지어 금산사金山寺에 계신 불인요원佛印了元 (1032~1098) 선사께 보냈습니다.

하늘 가운데 하늘이신 분께 머리 숙여 절하오니
미간의 한 줄기 빛으로 온 우주를 비추시는 분
여덟 가지 바람이 불어도 흔들리지 않으시고
자금색 연꽃 위에 단정히 앉아계시네

稽首天中天　毫光照大千
八風吹不動　端坐紫金蓮

여덟 가지 바람은 이익과 손해, 명예와 불명예, 칭찬과 비방,

158

고난과 즐거움을 말합니다. 이 시의 행간에는 자신이 현재 정치
판에서 수세에 몰렸지만 부처님처럼 조금의 동요도 없이 편안
하게 지내고 있다는 뜻이 담겨 있습니다. 편지에 담긴 시를 읽
은 불인 선사는 '방비放屁'라는 두 글자를 써서 답장을 보냈습니
다. 이는 '방귀 뀌고 있네!' '허튼소리 하고 있네!'라는 조롱의
평가입니다. 자신의 고고한 기상을 칭찬받을 줄 알았던 소동파
로서는 기분이 매우 상했습니다. 그래서 결국 참지 못하고 불인
선사에게 찾아와 따집니다. 그러자 불인 선사가 웃으며 이렇게
말했답니다.

"어떤 상황에도 감정에 동요가 없을 것처럼 말하더니, 방귀
라는 한 글자에는 쏜살같이 강을 건너오셨군요."

이것이 앎과 실천의 차이, 지식과 깨침의 차이입니다. 삶과
일치하지 않는 지식이나 깨달음을 불교에서는 간혜乾慧 즉 메마
른 지혜라고 합니다. 이후 지식의 한계를 알아차린 소동파는 부
처님의 가르침에 보다 진지하게 접근하게 됩니다. 그리고 여산
廬山 흥룡사에서 동림상총東林常總(1025~1091) 선사를 만납니다.

159

소동파는 상총 선사로부터 무정설법無情說法에 대한 가르침을 듣고는 비로소 깨치게 됩니다. 다음날 새벽, 소동파는 상총 선사께 이런 시를 지어서 올렸습니다.

시냇물 소리가 바로 부처님의 법문
산 빛이 어찌 청정한 법신 아니리오
밤새 들었던 팔만사천의 가르침을
훗날 사람들에게 어떻게 말해야 할까

溪聲便是廣長舌　山色豈非淸淨身

夜來八萬四千偈　他日如何擧似人

어떻습니까? 소동파는 어떤 상황에도 동요하지 않는 마음을 비로소 증득한 것입니다. 배우고 안 뒤에는 반드시 스스로 점검해보아야 합니다.

그것을 앎으로 당신의 마음이 얼마나 편안해졌습니까?

그것을 앎으로 당신의 말투가 얼마나 부드러워졌습니까?

그것을 앎으로 당신의 몸가짐이 얼마나 겸손해졌습니까?

그것을 앎으로 당신의 삶이 얼마나 행복해졌습니까?

그것을 앎으로 당신의 삶이 얼마나 평화로워졌습니까?

그것을 앎으로 당신의 이웃에게 얼마나 따뜻해졌습니까?

출가학교 28기에 참여했던 임원종 님은 이렇게 말했습니다.

　 출가학교에서 훌륭한 스님들을 만났고, 그분들로부터 좋은 가르침을 들을 수 있었습니다. 그 가운데 가장 기억에 남는 분은 현기 스님과 자현 스님입니다. 특히 현기 스님의 '업장성불'에 관한 가르침은 지금도 기억이 생생합니다.

　 "숙명처럼 내 인생을 속박하는 업業, 그건 사실 스스로 익힌 습관입니다. 습관이 삶을 이끄는 것입니다. 현재 우리에게는 좋은 습관도 있고 나쁜 습관도 있습니다. 좋은 습관이 곧 부처의 모습이고, 나쁜 습관이 곧 중생의 모습입니다. 그러니 중생의 삶을 벗어나 부처의 삶을 산다는 것은 나쁜 습관을 없애고 좋은 습관으로 살아가는 것과 같습니다.

습관은 하루아침에 생기지 않습니다. 오랜 세월에 걸쳐 나쁜 습관에 물들었듯, 좋은 습관이 몸에 배게 하려면 그만큼의 세월을 노력해야 합니다. 어쩌면 더 많은 세월이 필요할지도 모릅니다. 한 방울의 먹물을 지우기 위해서는 한 단지의 맑은 물이 필요하듯이 말입니다. 그러니 좋은 습관으로 꾸준히 자신을 길들여가는 삶, 그것이 수행자의 삶입니다."

환한 미소로 말씀하시던 그 모습에 마음이 절로 푸근해지곤 하였습니다.

자현 스님께서는 강의를 하시다가 문득 이렇게 말씀하셨습니다.

"이것을 안다고 인생이 바뀌지는 않아요."

그 말씀은 저에게 충격이었습니다. 그리고 지금도 매서운 채찍으로 제 곁을 지키고 있습니다. 최근 독서 모임을 할 때였습니다. 책을 읽고 토론하다가 문득 그 말씀이 떠올랐습니다. 지식으로 가장한 저의 모습이 되돌아봐지더군요. 이 따끔한 채찍 덕분에 입속의 칼을 함부로 휘두르던 버릇은 줄었고, 상대방의 이야기에 귀를 기울이는 버릇은 늘었습니다. 이 습관이 내 영혼에 스며들도록 요즘도 열심히 연습할 뿐입니다.

깨침은 곧 실천입니다. 정말 제대로 알았다면 실천하지 않을
수 없기 때문입니다. 하나를 알면 하나를 실천하는 사람이 성자
이고, 열을 알고 백을 알아도 실천하지 못하면 여전히 중생입니
다. 실천하지 않는 지식은 공허하기 때문입니다.

변화의 시작

말과 행동은 마음에서 비롯됩니다. 마치 바람이 불면 파도가 일렁이고 바람이 그치면 파도가 잦아드는 것과 같습니다. 기대한 강도 술잔이나 겨우 띄울 정도의 작은 샘에서 시작한다고 했습니다. 삶도 마찬가지입니다. 본질적인 변화는 마음에서 시작되고, 그 마음의 작은 변화가 우리의 삶을 획기적으로 전환시킵니다.

《유마경維摩經》〈불국품〉에서 말씀하셨습니다.

복되고 깨끗한 세상을 만들고 싶다면 자신의 마음을 맑고 밝게
하라. 그 마음이 맑고 밝아짐에 따라 세상 역시 저절로 깨끗해진다.

한 송이 연꽃이 피면 은은한 향기가 주변에 가득합니다. 마음
을 깨끗이 하면 그 삶이 변화하고, 그 변화는 곧 가족, 이웃, 직
장, 사회의 변화로 이어집니다. 인연의 그물 속에서 우리는 서
로 영향을 받고 서로 영향을 끼치기 때문입니다. 그러니 마음을
변화시킨다는 것은 결코 사소한 일이 아닙니다.

어떻게 변화시켜야 할까요? 중생의 마음을 부처님 마음으로
변화시켜야 합니다. 욕심이 가득한 마음, 분노가 가득한 마음,
고집스러운 마음, 교만한 마음, 참된 이치를 믿지 못하고 의심
하는 마음이 바로 중생의 마음입니다. 이에 반해 자비로운 마
음, 슬기로운 마음, 용서하고 포용하는 마음, 감사하고 만족하
는 마음이 부처님 마음입니다. 중생의 마음을 부처님 마음으로
바꾸는 것, 이것이 수행修行이고 수도修道입니다.

마음을 변화시키려면 먼저 마음의 정체를 알아야 합니다. 그

런데 그 정체를 파악하기가 쉽지 않습니다. 마음이란 무엇일까요? 마음은 어디에 있을까요?

달마 대사께서 《혈맥론血脈論》에서 말씀하셨습니다.

마음, 마음, 마음이여
찾기가 어렵구나
넉넉할 때는 온 우주에 두루하지만
옹졸할 때는 바늘조차 용납하지 않네
心心心難可尋 寬時偏法界 窄也不容鍼

달마 대사의 말씀처럼 때로는 뭐든지 포용할 듯 넉넉하다가도 한순간 싸늘해지는 것이 우리의 마음입니다. 따라서 '내 마음은 이렇다'고 단정 지을 수가 없습니다. 왜냐하면 그 말을 하고 돌아서는 순간 곧 거짓말이 될 수 있기 때문입니다.

마음의 작용은 크게 생각과 감정 두 가지로 구분할 수 있습니다. 우리의 마음은 고정된 모습이 아닙니다. 생각과 감정은 종

잡을 수 없을 만큼 변화무쌍합니다. 따라서 마음의 정체를 파악하기 위해서는 개념이나 관념으로 규정지으려 애쓰기보다는 일단 그 생각과 감정을 관찰해보는 시간이 필요합니다.

찬찬히 관찰하다 보면 한 가지 사실을 확인하게 됩니다. 변화무쌍한 생각과 감정은 본래부터 있던 것이 아니라 생겨나는 것이고, 영원히 머무는 것이 아니라 사라진다는 사실입니다. 그럼, 생각과 감정은 어떻게 생겨나고, 어떻게 사라질까요?

부처님께서는 몸과 마음을 관찰하는 과정을 《원각경圓覺經》에서 다음과 같이 친절하게 설명하셨습니다.

지금 나의 이 몸은 흙과 물과 불과 바람, 이 네 가지가 서로 화합하여 구성된 것이다. 머리카락·이·손톱·발톱·피부·근육·뼈·골수·때 등은 다 흙으로 돌아갈 것이고, 침·콧물·고름·피·진액·거품·가래·눈물·정액·소변은 다 물로 돌아갈 것이며, 따뜻한 체온은 불로 돌아갈 것이고, 움직이던 기운은 바람으로 돌아갈 것이다. 이 네 가지 요소가 뿔뿔이 흩어지고 나면 지금 이 허망한 몸뚱이는 어디에 있다고 해야 할까?

그러니 알아야 한다. 이 몸은 끝내 실체가 없나니, 네 가지 요소가 화합해 형상을 이루고 있지만 사실 허깨비처럼 존재하는 것이니라. 흙·물·불·바람의 네 가지 인연이 잠시 모여 눈·귀·코·혀·피부·두뇌의 여섯 감각기관이 허망하게 존재하고, 여섯 감각기관과 흙·물·불·바람의 네 가지 요소가 안팎으로 어우러지면 그것을 인연한 기운이 허망하게도 그 가운데 쌓여 마치 인연으로 나타난 형상이 존재하는 것처럼 여겨지니, 그것을 임시로 마음이라 부른다.

선남자여, 이것은 허망한 마음이니, 빛깔·소리·냄새·맛·촉감·개념이 여섯 대상이 없으면 존재할 수 없는 것이니라. 흙·물·불·바람의 네 가지 요소가 뿔뿔이 흩어지면 빛깔·소리·냄새·맛·촉감·개념의 여섯 대상도 찾을 수 없고, 이 가운데 인연으로 발생한 여섯 대상이 각자 제자리로 돌아가 뿔뿔이 흩어지면 마침내 그것을 인연하여 발생한 마음도 찾아볼 수 없느니라.

'생겨난다'는 것은 무언가에 의지해 발생한다는 뜻입니다. 이

것이 연기緣起입니다. 우리의 모든 생각과 감정은 무언가에 의지해 발생한 것입니다. 무언가에 의지해 발생한 것은 그것 자체의 힘만으로 유지될 수 없습니다. 즉 인연 따라 생겨난 것은 반드시 인연 따라 소멸하게 되어 있습니다. 이것을 연멸緣滅이라 합니다. 인연 따라 생겨났다가 인연 따라 소멸한다는 말에는 몇 가지 중요한 의미가 담겨 있습니다.

첫째, 독립된 것이 아니라는 뜻입니다. 우리는 일상에서 '마음'이라는 단어를 흔히 사용하며 살아갑니다. "내 마음은 이렇다, 내 생각은 이렇다, 내 감정은 이렇다"고들 말합니다. 그럴 때, '마음'이라는 단어에 해당하는 어떤 독립된 실체가 있는 것처럼 생각하는 경우가 허다합니다. 그건 오해입니다.

생각과 감정은 감각기관과 감각대상에 의존하여 발생한 것입니다. 신체적 변화와 외부자극의 변화에 상관없이 제자리를 고수하는 그런 생각과 감정이란 없습니다. 땔감과 산소가 없는 불은 존재할 수 없습니다. 불이 없다는 말이 아닙니다. 땔감과 산소 없이 존재하는 불, 무엇에도 의존하지 않고 그 자체로 존재하는 불, 그런 불은 없다는 말입니다. 그런 불은 환상 속에나 있고, 착각할 때에나 보이는 허깨비입니다.

둘째, 지속되지 않는다는 뜻입니다. 마음 즉 생각과 감정이 실체라면, 무엇에도 의존하지 않고 존재하는 것이라면, 그런 마음은 변화할 수 없습니다. 주변의 무엇에도 영향을 받지 않기 때문입니다. 땔감과 산소에 의존하지 않는 불이 있습니까? 만약 그런 불이 존재한다면 그 불은 영원히 타오를 것입니다. 하지만 땔감과 산소를 필요로 하지 않는 불은 이 세상 어디에도 없습니다. 세상에 존재하는 불은 다 땔감과 산소를 의지하는 것입니다. 따라서 세상의 모든 불은 영원하지 않습니다.

우리의 마음도 마찬가지입니다. 생각과 감정은 감각기관과 감각대상에 의존하여 생겨난 것입니다. 따라서 감각기관과 감각대상의 변화를 따라 그 마음도 변화하고, 소멸하는 것입니다. 이것이 실상입니다. 그러나 우리는 "내 마음은 이렇다, 내 생각은 이렇다, 내 감정은 이렇다"고 말할 때에 아주 오래전부터 그런 마음이었고, 아주 먼 훗날까지 그런 마음일 것처럼 여기는 경우가 허다합니다. 그건 오해입니다.

생각과 감정이 존재하지 않는다는 말이 아닙니다. 생각과 감정이 햇살 아래 드리워진 그림자처럼, 골짜기에 울리는 메아리처럼 존재한다는 것입니다. 조건에 따라 언제든 변화할 수 있고, 언제든 사라질 수 있고, 언제든 다시 생겨날 수 있다는 말입니다. 그러니 자신의 그림자가 싫다며 억지로 떼어내겠다고 사방팔방 내달리지 말고, 골짜기에 울린 메아리를 찾겠다며 온 산을 헤집으며 소란 떨지 말라는 것입니다.

마음을 붙잡으려는 것도 마음을 없애려는 것도 모두 허망한 짓입니다. 그런 노력은 갈증과 허탈함만 더할 뿐입니다. 그건 마음이 그림자나 메아리와 같다는 것을 모를 때 하는 행위입니다. 그러니 무작정 내달리지만 말고 일단 걸음을 멈추라는 것입니다. 당신이 붙잡으려고 애쓰는 그 마음, 당신이 없애려고 애쓰는 그 마음을 일단 한번 지켜보라는 것입니다. 침착한 마음으로 바라보다 보면 그 마음의 속성이 그림자나 메아리와 비슷하다는 것을 당신 스스로 발견하게 될 것입니다.

그때 비로소 당신은 생각과 감정으로부터 자유를 얻을 수 있습니다. 그림자가 싫으면 나무 그늘로 찾아들고, 메아리가 그리우면 산마루에서 큰 소리로 부르면 되기 때문입니다.

오색이
영롱한
구슬

마음의 구조를 조금 더 면밀히 살펴보겠습니다.

《원각경》에서 말씀하셨습니다.

선남자여,

마땅히 알아야 하느니라.

몸과 마음이 다 환상의 때이니,

때가 아주 없어지면 시방세계가 맑고 깨끗하니라.

선남자여,

비유하자면 맑고 깨끗한 보배구슬에서

영롱한 오색이 빛나 방향을 따라 제각기 나타나면

어리석은 사람은 그 보배구슬에

실제로 오색이 있는 줄 아는 것과 같다.

선남자여,

맑고 깨끗한 성품인 원각이

몸과 마음을 나타내어 종류를 따라

제각기 응할 때에 어리석은 사람이

맑고 깨끗한 원각에

이러한 몸과 마음의 모습이 실제로 있다고

말하는 것 또한 그와 같으니라.

우리의 마음도 오색이 영롱한 보배구슬과 같고, 부처님의 마음도 오색이 영롱한 보배구슬과 같습니다. 그럼 부처님과 중생의 차이는 무엇일까요? 《원각경》에서 하신 말씀처럼 그 영롱한 오색을 보배구슬의 속성으로 보는가, 그렇지 않은가의 차이입니다. 다양한 빛깔을 보배구슬 자체의 속성으로 보는 것이 어리석음입니다.

커다란 다이아몬드를 상상해보세요. 찬란한 그 빛은 무지개를 닮았습니다. 다이아몬드는 보는 각도에 따라 다양한 색상을 드러냅니다. 하지만 어떻습니까? 파란빛이 보이지만 다이아몬드 속에 파란색이 있습니까? 노란빛이 보이지만 다이아몬드 속에 노란색이 있습니까? 붉은빛이 보이지만 다이아몬드 속에 붉은색이 있습니까? 다이아몬드는 그저 인연 따라 다양한 색깔을 드러낼 뿐입니다. 분명히 눈에 보이지만 어느 것도 그 속에는 없습니다. 만약 다이아몬드 속에 그런 색깔이 있다고 여긴다면 그를 어리석은 사람이라 합니다.

우리의 마음도 그와 같습니다. 분명 기쁘고, 슬프고, 억울하고, 통쾌하고, 답답하고, 편안합니다. 분명 미워하고, 사랑하고, 좋아하고, 싫어하고, 괴로워하고, 즐거워합니다. 분명 옳다고 생각하고, 그르다고 생각하고, 훌륭하다 생각하고, 못났다고 생각합니다. 하지만 그 온갖 감정과 생각이 머무는 곳은 없습니다. 마음은 그저 인연 따라 온갖 감정과 생각을 드러낼 뿐입니다. 분명히 느끼고 생각하지만 그 실체는 없습니다. 만약 감정과 생각이 안에 있다가 밖으로 튀어나오는 것처럼 여긴다면 그를 어리석은 사람이라 합니다.

우리는 흔히 "나는 기뻐"라고 말하고, "나는 슬퍼"라고 말합니다. 그럴 때 그 기쁨과 슬픔이 곧 나의 속성인 것처럼 여깁니다. 그건 착각입니다. 마치 파란색이나 붉은색을 보배구슬의 속성으로 착각하듯이 말입니다. 보배구슬을 깨뜨려보아도 거기에 파란색이나 붉은색은 없습니다. 이처럼 착각은 사실과 부합하지 않기에 어리석다고 하는 것입니다.

우리는 '슬픈 나', '괴로운 나'가 실제로 있는 것처럼 여깁니다. 하지만 이것 역시 착각입니다. 그런 나는 실제로 존재하지 않습니다. 인연 따라 파란색이나 붉은색이 나타나지만 실제로 '파란색 구슬', '붉은색 구슬'은 존재하지 않듯이 말입니다. 그래서 환상이라 하고, 허깨비와 같다고 하는 것입니다.

그러니 부처와 중생의 차이는 명확합니다. 우리의 마음이 본래 맑고 깨끗한 보배구슬과 같다는 것을 알면 그가 곧 부처님입니다. 하지만 그런 사실을 망각하고 우리의 마음을 파란색 구슬이나 붉은색 구슬처럼 여기면 그가 곧 중생입니다.

이런 중생의 어리석음, 착각은 고집을 동반하게 됩니다. 왜냐하면 자기 눈에는 분명히 파란색 구슬로 보이기 때문입니다. 그래서 누군가 "그건 파란색 구슬이 아니야. 그 구슬은 본래 맑고 깨끗해"라고 말해주어도 믿지를 않습니다. 믿지 않는 정도가 아니라 도리어 역정을 내면서 따집니다.

"너는 눈도 없냐?"

이런 중생의 고집은 다툼을 야기합니다. 왜냐하면 똑같은 구슬이 보는 방향에 따라 다른 색으로 보이기 때문입니다. 그래서 옆 사람이 "저건 붉은색 구슬이야"라고 하면 콧방귀를 뀌면서 이렇게 말합니다.

"너는 눈이 삐었냐?"

착각은 고집을 낳고, 고집은 다툼을 낳고, 다툼은 눈물과 상처를 남깁니다. 이것이 중생들의 삶입니다. 눈물과 상처만 가득한 중생의 삶에서 벗어나려면 어떻게 해야 할까요? 그렇습니다. 우리의 마음이 본래 맑고 깨끗한 보배구슬과 같다는 것을 사실 그대로 알면 됩니다. 아는 사람은 고집부리지 않고, 고집부리지 않는 사람은 다투지 않고, 다투지 않는 사람은 눈물과 상처를 남기지 않습니다. 이것이 부처님의 삶입니다.

우리는 상황에 따라 시시각각 변화하는 생각과 감정에 집착할 것이 아니라 그 마음의 바탕에 주목해야 합니다. 하늘을 한번 바라보세요. 파란 바탕 위로 수많은 구름들이 흘러갑니다. 뭉게구름, 먹구름, 양떼구름, 또 때로는 무지개도 뜹니다. 하지만 그 가운데 어느 것 하나도 오래 머물지 못합니다. 잠시 모습이 나타났다가 사라져갑니다. 하지만 그 바탕인 하늘은 늘 맑고 푸릅니다. 먹구름이 짙어도 하늘은 잿빛에 물들지 않고, 무지개가 떠도 하늘은 오색으로 물들지 않습니다. 하늘은 본래 맑고 푸를 뿐입니다. 마음의 바탕도 그와 같습니다.

바탕인 하늘에 주목하는 삶은 안성되고, 평온하고, 넉넉하고, 너그럽습니다. 그 맑고 푸름은 손상되지도, 손상될 수도 없기 때문입니다. 하지만 끝없이 생겼다 사라지는 구름과 무지개에 주목하는 사람은 한번 웃었다 한번 울었다 하는 불안정한 삶을 피할 수 없습니다. 당신은 어디에 주목하시겠습니까?

생겼다 사라지는 구름과 무지개를 붙잡으려 애쓰는 사람은 원망과 슬픔에서 헤어날 길을 찾기 어렵습니다. 하지만 바탕인 하늘에 주목하는 사람은 기적처럼 찾아와 준 순간에 감사하고, 가뭇없이 사라짐을 담담히 받아들입니다. 당신은 어디에 주목하시겠습니까?

출가학교 11기에 참여했던 박소연 님의 아버지는 갑작스런 교통사고로 큰 딸을 보냈습니다. 아버지는 딸에게 이런 편지를 썼습니다.

〈하늘로 띄우는 편지〉

11월 5일, 네 유골을 안고 해거름전망대를 다녀왔단다.

파도는 여전히 검은 돌 틈에서 부서지고,

푸른 바다 멀리로 배들이 떠다니더구나.

그래, 너는 이 바다를 무척이나 좋아했지.

네가 가고도 아무 일 없다는 듯 세상은 돌아가고 있단다.

우리가 가고도 세상은 아무 일 없다는 듯 또 돌아가겠지.

그래, 눈물이 무슨 소용이냐. 이것이 자연의 이치인데.

인연의 진리를 되씹으며 이젠 슬픔에서 벗어나련다.

그날 얼마나 놀랐니.

아빠 엄마는 너를 보내고 49일 동안 금강경을 사경했단다.

네 덕분에 우리가 공부를 다시 시작하는구나. 고맙다.

한없이 착하기만 했던 딸아. 잘 가거라.

자식은 가슴에 묻는다지만 우리는 너를 보내주련다.

너도 이생의 아픔을 모두 잊고 좋은 곳으로 가거라.

우리의 인연이 여기까지인가 보다.

이제 더 이상 슬퍼하지 않으련다.

너는 순간을 머물다 아쉽게 세상과 멀어졌지만

우리에게 너는 눈물이 아니라 미소로 남는단다.

곁에 잠시 머물러준 것만으로도 고마운 존재란다.

딸아, 잘 가거라.

아빠 엄마는 여전히 널 사랑한단다.

텅
빈

거
울
처
럼

선종의 제3조 승찬僧璨(?~606) 대사께서 《신심명信心銘》에서 말
씀하셨습니다.

집착하면 법도를 잃나니

반드시 삿된 길로 빠지게 되고

놓아버리면 자연스럽나니

본체는 가거나 머무름이 없느니라

執之失度 必入邪路 放之自然 體無去住

참, 요긴한 말씀입니다. 우리는 수많은 생각과 감정의 물결 속에서 살아갑니다. 하지만 그 생각과 감정 가운데 어느 것에도 집착해서는 안 됩니다. 설령 기가 막히게 좋은 느낌, 백 번 천 번 지당한 생각이라 해도 그 감정과 생각을 집착해서는 안 됩니다. 집착하는 순간 마음은 부자연스러워지고, 그 부자연스러움은 스스로를 속박하고, 또 타인을 불편하게 만들기 때문입니다.

거울을 비유로 들어보겠습니다. 거울 속에는 본래 아무것도 없습니다. 마음의 바탕, 마음의 본질, 우리의 본래 마음도 그와 같습니다. 거울은 무엇을 비추건 그대로 나타납니다. 빨간색을 비추면 빨간색이 나타나고, 파란색을 비추면 파란색이 나타납니다. 삼라만상 무엇이든 비추는 대로 나타납니다. 우리의 감정과 생각이 그와 같습니다.

거울은 그 무엇에도 물들지 않습니다. 파란색을 비춘다고 거울이 파랗게 변하는 것이 아니고, 빨간색을 비춘다고 거울이 빨갛게 변하는 것이 아닙니다. 우리의 본래 마음이 그와 같습니다. 거울이 파랗게 물들고, 혹은 빨갛게 물든다고 상상해보세요. 제 기능을 상실한 그것은 더 이상 거울이라 할 수 없습니다. 그런 거울을 어디에 쓰겠습니까? 어떻습니까? 당신도 거울처럼 마음을 쓰고 계십니까? 혹시 감정과 생각에 깊이 물들지는 않으셨습니까? 감정과 생각에 깊이 물들어 당신의 마음을 쓸모 없게 만들지는 않으셨습니까?

거울은 그 무엇도 붙잡거나 밀쳐내지 않습니다. 아름다운 여인도, 더러운 오물도 스쳐 지나고 나면 흔적이 남지 않습니다. 거울이 아름다운 여인을 좋아해 여인이 떠난 뒤에도 그 모습을 지우지 않고, 혹은 더러운 오물이 싫어 앞에 있어도 비추지 않는다고 상상해보세요. 잔상이 남아 있는 거울, 시물을 기려서 비추는 거울, 제 기능을 상실한 그것은 더 이상 거울이라 할 수 없습니다. 그런 거울을 어디에 쓰겠습니까? 어떻습니까? 당신도 거울처럼 마음을 쓰고 계십니까? 혹시 과거의 감정과 생각에 사로잡혀 현재를 왜곡하고 있지는 않으십니까? 혹시 새롭게 찾아든 삼성과 생각을 억지로 부정하려 애쓰고 있지는 않으십니까?

거울은 텅 비어야 제 기능을 발휘할 수 있습니다. 우리의 마음도 마찬가지입니다. 마음을 활짝 열고 세상을 보아야 모든 것이 있는 그대로 보입니다. 거울은 때가 없어야 합니다. 우리의 마음도 마찬가지입니다. 마음의 때를 깨끗이 지워야 새롭게 볼 수 있고, 새롭게 느낄 수 있고, 새롭게 생각할 수 있습니다. 거울은 그림자를 붙잡지 않습니다. 우리의 마음도 마찬가지입니다. 기쁨도 슬픔도 거울에 비친 그림자입니다. 당신은 거울 앞에서 얼마든 슬퍼할 수 있습니다. 하지만 한참 시간이 흘러 발걸음을 옮긴 뒤에도 여전히 울고 있는 아이의 모습으로 거울 속에 남아 있어서는 안 됩니다.

거울은 텅 비어야 제 기능을 발휘할 수 있습니다. 우리의 마음도 마찬가지입니다. 노자老子의 《도덕경道德經》에는 이런 구절이 있습니다.

진흙을 이겨 그릇을 만들지만
그 속이 텅 비어야 그릇으로 이용될 수 있다.

185

문과 창문을 뚫어 방을 만들지만

그 안이 텅 비어야 방으로 이용될 수 있다.

그릇은 속이 비어야 그릇 노릇을 할 수 있습니다. 이미 채워진 그릇에는 새로운 무엇을 담을 수 없습니다. 우리의 마음도 마찬가지입니다. 방은 속이 비어야 방 노릇을 할 수 있습니다. 그 방이 비어야 이불을 깔면 침실이 되고, 밥상을 펴면 식당이 되고, 차를 마시면 다방이 되고, 사무를 보면 사무실이 되는 것입니다. 이미 꽉 찬 방에는 새것을 들여놓을 수 없습니다. 우리의 마음도 마찬가지입니다.

그래서 부처님께서도 '마음을 비워라'고 하셨습니다. 마음을 비우라는 건 목석처럼 어떤 감정도 느끼지 못하고, 어떤 생각도 하지 않는 사람이 되라는 말씀이 아닙니다. 텅 빈 거울처럼, 빈 그릇처럼, 빈 방처럼 마음을 쓰라는 것입니다. 텅 빈 마음이라야 그 작용이 자재하고 무궁하기 때문입니다.

마음을 비우려면 어떻게 해야 할까요? 마음의 바탕이 거울과 같다는 것을 알고 거울에 비친 그림자를 붙잡고 밀쳐내던 버릇, 즉 집착을 없애야 합니다. 그럼, 집착을 없애려면 어떻게 해야 할까요?

《돈오입도요문론》에 이런 이야기가 있습니다.

어떤 사람이 대주혜해 선사를 찾아와 물었습니다.

"무엇이 지혜입니까?"

그러자 혜해 선사가 말씀하셨습니다.

"선과 악, 사랑과 미움, 존재와 비존재 등 상대적인 모든 것들이 거울에 비친 그림자처럼 그 자체의 성품은 없다는 것을 알면 그것이 바로 해탈입니다. 그러나 그런 상대적인 것들이 자기만의 성품을 가지고 있어 허망하지 않다고 여기면 해탈하지 못합니다. 이것을 지혜라고 합니다."

"그 해탈의 문은 어떻게 들어갈 수 있습니까?"

"보시바라밀을 실천하면 들어갈 수 있습니다."

"부처님께서 육바라밀이 보살행이라고 말씀하셨는데, 왜 보시바라밀만 거론합니까?"

"보시바라밀만 닦으면 육바라밀을 완전히 갖출 수 있습니다."

"그럼, 무엇을 보시해야 합니까?"

"사랑하는 마음과 미워하는 마음, 고요한 마음과 불안한 마음, 청정한 마음과 타락한 마음 등 모든 상대적인 마음을 보시하십시오. 왜냐하면 그런 마음들은 자체의 성품이 없기 때문입니다. 이렇게 모든 걸 보시하고 어떤 마음에도 집착하지 않는 것을 진실한 수행이라 합니다."

참 요긴한 말씀입니다. 내 생각, 내 감정이라고 고집을 부리지만 사실 무언가를 보고 읽어서 생겨난 생각이고, 누군가의 이야기를 듣고 가지게 된 감정입니다. 감정과 생각은 빛깔의 그림자요, 소리의 메아리일 뿐입니다. 그러니 지나간 과거를 잊지 못해 애태우던 마음도, 머물지 않는 현재를 붙잡으려고 발버둥 치던 마음도, 오지 않은 미래를 짐작하며 두려워하던 마음도 안팎의 삼사기관과 감각대상에게 놀려주고 또 놀려줘야 합니다.

그러면 모든 생각과 감정을 보시한 사람, 어떤 생각과 감정에도 집착하지 않는 사람, 마음이 텅 빈 거울과 같은 사람의 삶은 어떨까요?

《돈오입도요문론》에서 말씀하셨습니다.

어느 날 원源 율사가 찾아와 물었습니다.

"화상께서도 도를 닦으려고 애를 쓰십니까?"

혜해 스님이 대답하셨습니다.

"애를 씁니다."

"어떻게 애를 씁니까?"

"배고프면 밥을 먹고, 피곤하면 잠을 잡니다."

"그거야 모든 사람이 다 하는 것 아닙니까?"

"똑같지가 않습니다."

"왜 똑같지 않습니까?"

"그들은 밥을 먹을 때도 제대로 밥을 먹지 못하고 이것저것 따지고 평가하느라 바쁩니다. 잠을 잘 때도 제대로 잠을 자지 못하고 온갖 궁리에 이런저런 계획을 세우느라 바쁩니다. 그러니 똑같지가 않습니다."

마음을 닦는다는 것, 바로 이런 것입니다.

출가학교 6기에 참여했던 팽정원 님은 이렇게 말합니다.

오랜 중국생활을 접고 돌아왔을 때, 처음엔 왠지 그리웠습니다. 가까운 이들과 거닐던 거리, 화사한 잎을 틔우던 마당 한편의 나무, 왁자지껄한 지하철과 곳곳에 펄럭이던 오성기. 아무것도 남겨두지 않고 떠나온 곳인데, 왠지 돌아가야 할 것 같고, 무언가 두고온 것만 같았습니다.

머리 위로 나는 비행기만 보면 책상 어딘가에 내 이름이 찍힌 비행기 표가 숨겨져 있을 것만 같고, 잠자리에서 일어날 때마다 여기가 어딘가 싶어 한참을 둘러보아야 했습니다. 그렇게 제법 오랫동안 허전한 가슴을 쓸어내려야 했습니다.

하지만 지금은 평화롭습니다.

달리고 달려도 닿을 수 없는 곳, 아무리 애를 써도 가질 수 없는 것, 그런 것은 돌아보지 않습니다. 기쁨도 슬픔도 인과응보의 법칙속에서 수레바퀴처럼 굴러간다는 걸 지금은 압니다. 우연인 듯 이

렇게 찾아온 행복도 언젠가 누군가를 기쁘게 하고, 나도 모르게 좋

은 일을 했기 때문이겠지요. 평온한 행복, 그건 깨어 있어야 보이는

것이었습니다.

지금은 압니다. 빈 그릇으로 있어야 채울 수도 있음을.

현실에 충실하기

혜해 스님께서 말씀하셨습니다.

"배고프면 밥을 먹고, 피곤하면 잠을 자라."

이것이 온갖 감정과 생각의 속박으로부터 벗어나는 길이고, 해탈의 길이라 하였습니다. 이 말씀은 과거에 사로잡히지 말고, 미래를 열망하지 말고, 지금 이 자리에서 해야 할 일에 최선을 다하라는 가르침입니다.

《삽아함경雜阿含經》에서 말씀하셨습니다.

어느 날 부처님이 사왓띠 기원정사에 계실 때였습니다.

그때 하늘의 신이 부처님 앞에 나타나 이렇게 물었습니다.

"깊은 숲 속에서 평화롭고 청정하게 살아가는 수행자는 하루 한 끼만 먹는데도 어떻게 얼굴빛이 그렇게 평온합니까?"

그러자 부처님께서 말씀하셨습니다.

지나간 과거를 슬퍼하지 않고

오지 않은 미래를 열망하지 않으며

현재에 충실하기에

얼굴빛이 이렇게 평온한 거랍니다.

오지 않은 미래를 열망하고

지나간 과거를 슬퍼하는

어리석은 사람들

그들은 낫에 잘린 푸른 갈대처럼

그렇게 시들어간답니다.

평화로운 삶, 맑고 깨끗한 삶을 사는 비결은 지금 이 자리에

충실한 자세입니다. 세상만사는 흐르는 강물처럼 뜻밖에 밀려
왔다가 잠시 머물고는 가뭇없이 사라집니다. 그 물결을 쫓아 내
달리는 것은 어리석은 짓입니다. 끝내 잡을 수 없기 때문입니
다. 끝내 잡지 못할 것을 반드시 잡고야 말겠다며 내달리는 사
람, 그의 삶은 나날이 시들어갈 것입니다. 낫에 잘린 푸른 갈대
처럼 말입니다.

저의 은사이신 만화 스님께서 항상 염송하시던 게송이 있습
니다.

지나간 일을 헛되이 마음에 잡아두지 말고
앞으로 일어날 일을 미리 욕심내지도 말라
지금 이 순간마저 머무는 바가 없으면
삼세가 비고 고요하다는 걸 훤히 깨달으리

心不妄取過去法　亦不貪著未來事
不於現在有所住　了達三世悉空寂

194

이 게송은 《화엄경》〈십회향품〉에 나오는 말씀입니다. 은사
스님께서는 한암 스님과 탄허 스님을 모시고 수행가풍을 진작
하면서 한국전쟁 와중에 전소된 월정사를 지금의 우람한 가람
으로 중건하신 이 시대의 원력보살입니다. 은사스님께서는 그
고단한 수행과 불사를 빈틈없이 수행하면서도 한 번도 짜증을
내거나 서두르는 모습을 보이지 않으셨습니다. 은사스님은 항
상 부드럽고, 항상 유쾌하고, 항상 자유로우셨습니다. 그리고
종종 사람들이 찾아와 글씨를 부탁하면 이 게송을 써주곤 하셨
습니다. 그 모습을 곁에서 지켜보며, 저는 이 게송이 곧 스님의
삶이었음을 느낄 수 있었습니다.

자유와 평화는 구하는 자의 것이 아닙니다. 진정한 자유와 평
화는 자신의 본성을 깨닫고 향유하는 자의 것입니다. 지금 여기
서 해야 할 일에 온 마음을 기울일 때, 걱정과 근심은 거짓말처
럼 줄어듭니다. 대부분의 걱정과 근심은 지난 일에 대한 회한과
앞날에 대한 막연한 두려움에서 생기기 때문입니다. 또한 주어
진 일에 집중해 최선을 다하다보면 뜻밖에도 일이 수월하게 성

취되는 경험을 하게 될 것입니다.

출가학교 17기에 참여했던 박훈 님은 이렇게 말했습니다.

출가학교를 마치고 고향인 영암으로 돌아왔습니다. 고등학교 졸업 후 취업을 나갔다가 군대를 다녀왔기에 제가 할 수 있는 일은 별로 없었습니다. 다행히 큰아버지께서 가게 일을 도와달라고 제의하셔서 스포츠 용품 판매 일을 시작했습니다. 다양한 사람을 만나고 돈도 모으는 재미가 있었습니다. 하지만 문득 회의가 들었습니다. 보다 보람된 일을 하고 싶었습니다. 그래서 생각한 것이 사회복지사였습니다. 망설여졌습니다. 사회복지사기 되려면 대학에 들어가야 했기 때문입니다. 저는 실업계 고등학교 출신에 성적도 좋지 않았습니다. 게다가 가정형편도 넉넉지 못했습니다.

'내 실력으로 합격할 수 있을까?'

'합격하면 공부를 따라갈 수는 있을까?'

'학비는 어떡하지?'

두려움과 걱정이 앞섰습니다. 그때 출가학교에서 들었던 말씀이 기억났습니다.

"현실에 충실하라."

저는 막막함을 접고 '하고 싶다면 일단 하자'며 스스로를 격려했습니다. 다행히 저는 호남대학교 사회복지학과에 입학하였습니다. 현재에 최선을 다했습니다. 그 결과 1학년 1학기 때는 132명 중 12등, 2학기 때는 135명 중 2등을 했습니다. 한 생각의 힘이 이렇게 클 줄 몰랐습니다. 그 힘을 스스로 확인하자 더욱 자신감이 생겼고, 주변에 좋은 인연도 따라 생겼습니다. 한국지도자장학생에 선발되었고, 42기 전국회장까지 맡게 되었으며, 시장님으로부터 표창장까지 받았습니다. 그리고 지금은 한림대 석사과정에 진학해 생사학연구소에서 공부를 이어가고 있습니다.

능력이 부족하고 경제적 여건이 넉넉지 못한 건 지금도 마찬가지입니다. 하지만 저는 이제 걱정하거나 두려워하지 않습니다. 저는 꿈이 있습니다. 그 꿈을 향해 즐겁게 걸어갈 뿐입니다.

지금 이 순간을 지난 일에 대한 후회로 보낸다면, 시간이 흐른 뒤 당신은 후회하면서 보낸 이 순간을 다시 후회하게 될 것입니다. 지금 이 순간을 앞날에 대한 막연한 걱정으로 채운다면, 시간이 흐른 뒤 당신은 여전히 걱정만 하면서 한 걸음도 옮기지 못하는 당신을 발견하게 될 것입니다. 후회와 걱정이 가득한 삶, 그런 삶은 자유롭지도 평화롭지도 못합니다. 그런 삶은 당신에게 결코 유익하지 않습니다.

편견과 선입견을 버리고

해인사 법보전에 이런 글귀가 주련으로 걸려 있습니다.

원만한 깨달음의 세계는 어디일까

살다가 죽어가는 지금 이곳이라네

圓覺道場何處　現今生死卽是

우리의 마음은 본래 맑고 깨끗하며, 이 세상은 본래 아름답습니다. 당신의 눈에도 그렇게 보이십니까? 만약 그렇지 않다면,

왜일까요? 왜 마음이 복잡하고 혼탁할까요? 왜 세상이 추악하게 보일까요? 그건 마음에 때가 끼었기 때문입니다. 그 마음의 때 가운데 가장 대표적인 것이 편견과 선입견입니다.

혹시 우주를 한순간에 가리는 방법을 아십니까? 우주는 광활합니다. 그 광활한 우주도 동전 딱 두 개만 있으면 한순간에 가려집니다. 우리의 마음도 마찬가지입니다. 우리의 마음은 본래 광활해 무엇이든 포용할 수 있고, 무엇이든 용납할 수 있습니다. 하지만 편견과 선입견에 사로잡히면 그 광활함이 한순간에 사라져버립니다.

선입견은 색안경을 쓰고 사물을 보는 것과 같습니다. 붉은색 안경을 쓰면 하얀 구름도 붉은색으로 보이고, 파란색 안경을 쓰면 붉은 장미도 보라색으로 보입니다. 색안경이 너무도 익숙해 색안경을 쓰고 있다는 사실 자체를 망각하면, 우리는 분명 이렇게 말할 것입니다.

"저건 붉은 구름이야."

"저건 보라색 장미야."

당신도 혹시 그런 적 없으셨나요? '이 사람은 착해, 저 사람은 나빠'라고 생각한 적 없으신가요? "이 사람은 훌륭해." "저 사람은 못났어." 이렇게 말한 적 없으신가요? 그렇게 생각하고 말하면서 누군가를 좋아하고, 미워하고, 부러워하고, 질타한 적 없으신가요?

조심해야 합니다. 분명 당신의 눈에는 그 사람이 그렇게 보일 것입니다. 하지만 그 사람이 착하게, 나쁘게, 훌륭하게, 못나게 보이는 것은 그 사람 탓이 아니라 당신의 선입견 탓일 수도 있습니다.

편견은 판자를 어깨에 짊어지고 길을 가는 것과 같습니다. 커다란 판자를 짊어지면 한쪽밖에 보이지 않습니다. 판자 너머의 상황을 보지 못하는 그는 불안하고, 민첩하게 대처하지 못하고, 좌충우돌하고, 자신과 타인에게 쉽게 손해를 끼치게 됩니다. 그에게는 판자 너머의 일을 말해주어도 믿지를 못합니다.

당신도 혹시 곁의 누군가가 "꼭 그렇지만은 않아"라고 말해주어도 "모르는 소리 하고 있네, 그 사람에게 그렇지 않은 면이 어디 있어" 하며 무시해버린 적 없으신가요?

조심해야 합니다. 분명 당신의 눈에는 그 사람이 그렇게 보일 것입니다. 하지만 그 사람의 다른 면모가 보이지 않는 것은 그 사람 탓이 아니라 당신의 편견 탓일 수도 있습니다. 그러니 무엇을 판단하고, 무언가를 느꼈을 때, 항상 스스로에게 타일러야 합니다.

'내가 본 것이 틀릴 수도 있어!'

'내가 본 것이 전부는 아냐!'

선입견은 대상을 왜곡시킵니다. 편견은 불완전한 판단입니다. 왜곡되고 불완전한 감정과 생각에 의시해 세상을 살아가는 것은 매우 위험합니다.

그럼, 선입견과 편견을 없애려면 어떻게 해야 할까요? 동전에는 반드시 양면이 있습니다. 하지만 동시에 양면을 볼 수는 없습니다. 우리는 언제나 한 면만 볼 수 있습니다. 하지만 내가 보지 못하는 면이 있다는 사실을 잊어서는 안 됩니다. 이런 노력이 선입견과 편견을 제거하는 데 큰 도움이 됩니다.

동전을 보세요. 동전의 앞면과 뒷면을 분리할 수 있습니까?
분리하는 순간 새로운 앞면 새로운 뒷면이 나타납니다. 앞면만
있는 동전이 있을 수 있습니까? 그런 동전은 존재하지 않습니
다. 화엄에는 육상원융六相圓融의 가르침이 있습니다. 그것은 전
체와 부분, 같음과 다름, 완성과 파괴가 동전의 양면처럼 불가
분의 상호의존관계에 있음을 밝힌 것입니다.

먼저 전체와 부분을 살펴보겠습니다. 건물은 기둥·벽·바
닥·지붕 등으로 구성됩니다. 건물은 전체이고, 기둥·벽·바
닥·지붕은 부분입니다. 어떻습니까? 기둥·벽·바닥·지붕이 없
이도 존재하는 건물이 있습니까? 그런 건물은 존재하지 않습니
다. 기둥은 그냥 기둥이 아닙니다. 건물의 기둥입니다. 벽·바
닥·지붕을 배제한다면 그건 아마 나무나 콘크리트 등 다른 이
름으로 불릴 것입니다. 벽·바닥·지붕도 마찬가지입니다. 이처
럼 전체는 부분 없이 존재할 수 없으며, 부분은 전체를 가정해
야만 성립하는 것입니다. 그런데도 우리는 이 두 가지를 분리해
서 생각하는 경우가 많습니다. 예를 들면 '사회'의 이익을 위해

'개인'을 희생시키거나 '개인'의 이익을 위해 '사회'의 이익을 도외시해도 될 것처럼 생각하는 경우가 있습니다. 이건 편견입니다. 그리고 편견에 의지한 판단과 행동은 매우 위험합니다.

같음과 다름을 살펴보겠습니다. 한국인과 아프리카인은 같습니까, 다릅니까? 혹자는 다르다고 말할 것입니다. 왜냐하면, 한국인은 피부가 황갈색이고 아프리카인은 피부가 검기 때문입니다. 혹자는 같다고 말할 것입니다. 왜냐하면, 같은 인간이기 때문입니다. 어떻습니까? 같다 다르다 중 어느 하나의 판단이 옳다고 단정할 수 있습니까? 무엇을 기준으로 삼느냐에 따라 너와 나는 얼마든지 같을 수도 있고 다를 수도 있습니다. 그런데도 우리는 이 두 가지 판단 사이에 넘어설 수 없는 벽이 있는 것처럼 생각하는 경우가 많습니다. 예를 들면 단지 종교가 다를 뿐인데도 머리부터 발끝까지 다른 사람 취급을 하거나 고향이 같을 뿐인데도 머리부터 발끝까지 같은 사람 취급을 하는 경우가 있습니다. 이건 편견입니다. 그리고 이런 편견에 의지한 판단과 행동은 매우 위험합니다.

새
길
을
가
다

완성과 파괴를 살펴보겠습니다. 바람결에 한 송이 꽃이 떨어졌습니다. 파괴되는 것입니까, 완성되는 것입니까? 그 순간을 꽃이 지는 것으로 보면 파괴되는 것이고, 열매가 맺히는 것으로 보면 완성되는 것입니다. 어떻습니까? 파괴와 완성 중 어느 하나의 시각만 옳다고 단정할 수 있습니까? 무엇에 주목하느냐에 따라 상황은 얼마든지 다르게 해석될 수 있습니다. 그런데도 우리는 이 두 가지 시각 가운데 어느 하나에만 주목하는 경우가 많습니다. 예를 들면 뜻밖에 돈과 사람을 벌었다고 마냥 좋아하기만 하거나 뜻밖에 돈과 사람을 잃었다고 비탄에 잠기는 경우가 있습니다. 지금 내 주머니에 들어와 나를 기쁘게 하는 돈은 그것을 잃은 누군가의 슬픔이 묻어있는 돈입니다. 지금 내 주머니에서 나가 나를 슬프게 하는 돈은 그것을 얻을 누군가에게 기쁨을 약속하는 돈입니다. 그러니 마냥 좋아할 일도 마냥 슬퍼할 일도 아닙니다. 완성과 파괴, 이익과 손해, 얻음과 잃음, 그 두 가지 사이에서 어느 한쪽만 선택한다면 이건 편견입니다. 그리고 이런 편견에 의지한 판단과 행동은 매우 위험합니다.

편견을 없애려면 어떻게 해야 할까요? 전체를 아울러 파악하는 새로운 안목, 동전의 양면을 동시에 보는 제3의 눈을 떠야 합니다. 그 눈은 어디에 있을까요?

중국 명明 시대를 대표하는 학자인 왕양명王陽明이 열한 살의 어린 나이에 이런 시를 지었습니다.

산은 가깝고 달은 멀어 달이 작게 보이기에
사람들은 이 산이 달보다 크다고 말들 하네
만약 사람의 눈이 저 하늘처럼 커다랗다면
산이 작고 달이 더 큰 걸 볼 수 있을 텐데

山近月遠覺月小　便道此山大於月

若人有眼大如天　還見山小月更闊

밤하늘을 수놓은 은하수가 태양과는 비교도 되지 않을 만큼 밝고 큰 별들의 집단임에도 우리 눈에는 태양이 최고로 보입니다. 이런 것이 관견管見, 작은 눈의 슬픔입니다. 편견에 사로잡힌 시야는 대롱으로 하늘을 보듯 좁습니다. 편견은 우리의 시야를 좁히고, 세상을 양극단이 첨예하게 대립하는 투쟁의 현장으로 만듭니다. 편견은 이처럼 위험합니다.

편견을 버리고 하늘처럼 커다란 눈, 제3의 눈을 뜨고 세상을 바라보세요. 그 눈에 보이는 세상은 대립이 사라진 조화로운 세계입니다. 제3의 눈을 뜨면, 당신은 너무도 아름다운 세상의 모습에 아마 깜짝 놀랄 것입니다. 바람결에 흩날리는 낙엽 하나하나가 우주의 몸짓이고, 풀벌레 소리 바람 소리마저 우주의 선율임을 느끼게 될 것입니다. 온 세상이 아름다운 꽃밭이고, 당신의 무심한 손짓 하나 발짓 하나까지도 대자연이 연주하는 웅장한 오케스트라에 어우러진 한바탕 춤사위라는 것을 깨닫게 될 것입니다. 그 순간, 당신은 여태 한 번도 경험해보지 못한 감동과 전율에 휩싸일 것입니다. 그리고 부처님은 이미 당신 안에서 미소 짓고 계실 것입니다.

제 말은 결코 거짓말이 아닙니다.

주 삶
인
공
의

임제의현臨濟義玄(?~867) 선사께서 말씀하셨습니다.

어느 곳에서건 주인이 되라

서 있는 자리마다 모두 참되리라

隨處作主 立處皆眞

두 가지 형태의 삶이 있습니다. 하나는 주인의 삶이고, 하나
는 노예의 삶입니다. 주인은 평가하는 자이고, 노예는 평가를
받는 자입니다. 당신은 많은 것을 가지고 또 누리면서 살고 있

을 것입니다. 옷을 입고, 차를 타고, 음식을 먹고, 집을 가지고 있을 것입니다. 현재 소유하고 또 사용하고 있는 것들에 점수를 매긴다면 당신은 몇 점을 주시겠습니까?

당신에겐 가깝게 지내는 이들이 있을 것입니다. 가족, 친지, 친구, 동료들이 있을 것입니다. 현재 친밀한 인연을 맺고 있는 그들에게 점수를 매긴다면 당신은 몇 점을 주시겠습니까?

당신은 어떤 종류이건 일을 하며 살아가고 있을 것입니다. 사무실에서 컴퓨터를 마주하고 있을 수도 있고, 사람들을 만나 계약하고 설득하는 일을 하고 있을 수도 있고, 날카로운 소음이 가득한 공사현장에 서 있을 수도 있고, 흙을 밟으며 거름을 지고 있을 수도 있습니다. 현재 하고 있는 그 일에 점수를 매긴다면 당신은 몇 점을 주시겠습니까?

당신 스스로 값어치를 평가하십니까? 혹시 주변의 평가에 따라 값어치를 정하지는 않으십니까? 만약 당신이 소유하고 사용하는 물건들에 대해, 당신 가까이 맴돌고 있는 사람들에 대해, 당신이 하고 있는 일에 대해 스스로 값어치를 매기고 있다면 당신은 주인의 삶을 살고 있는 것입니다. 하지만 누군가의 평가에 의해 그 값어치가 좌우된다면 당신은 노예의 삶을 살고 있는 것입니다.

한 거사님이 이런 이야기를 들려준 적이 있습니다. 주말에 거래처 사람들과 골프를 치러 갔답니다. 거기서 삼십대 중반의 아버지가 초등학생쯤 되는 아들을 데리고 화장실의 똥을 퍼내는 장면을 보았답니다. 엄청난 흡입력으로 똥을 빨아들이는 것을 아들이 신기해하자, 아버지는 자랑스러운 표정으로 그 기계장치에 대해 자세히 설명을 해주더랍니다.

그리고 화장실 바닥이 보이자 아들이 기다렸다는 듯 장갑을 끼고 아버지를 도와 기다란 호스를 감더랍니다. 젊은 아버지와 어린 아들은 손발이 척척 맞고 얼굴 표정도 더없이 밝더랍니다. 물론 아들이 끌어당기는 호스에는 똥이 더덕더덕 붙어 있었습니다.

이것을 지켜본 거사님은 많이 부러웠답니다. 젊은 아버지는 자신의 일에 자부심을 가지고 있고, 어린 아들은 그런 아버지를 자랑스러워하고 있었기 때문입니다. 그 거사님은 '나는 과연 저 런가?' 싶어 또 많이 부끄러웠답니다.

자신의 삶을 스스로 평가하지 못하는 사람, 타인의 평가에 좌 우되는 사람은 우월감과 열등감 사이에서 불안한 진자운동을 멈추지 못합니다. 왜냐하면 자신이 하는 일이나 가진 것을 남들 이 "좋다"고 하면 금방 우쭐했다가 남들이 "별로다"라고 하면 금방 주눅이 들기 때문입니다. 그런 삶은 불안합니다. 진지하게 돌아봐야 합니다. 옆 사람이 가진 나무토막을 부러워하다가 이 미 손아귀에 쥐고 있던 소중한 황금을 내팽개치지는 않았는지.

두 가지 형태의 삶이 있습니다. 하나는 주인의 삶이고, 하나 는 노예의 삶입니다. 주인은 이끄는 자이고, 노예는 이끌리는 자입니다. 당신은 자신의 삶을 이끌고 있습니까, 아니면 무언가 에 끌려 다니고 있습니까?

당신은 자신이 좋아하는 일을 하고 계십니까, 아니면 남들이 하라는 일을 억지로 하고 있습니까? 만약 정말 좋아서 한다면, 당신은 사소한 일에도 기뻐하고 만족할 것입니다. 하지만 억지로 한다면, 아무리 큰일을 이루어도 보람이란 없을 것입니다.

두 가지 형태의 삶이 있습니다. 하나는 주인의 삶이고, 하나는 노예의 삶입니다. 주인은 사용하는 자이고, 노예는 사용되는 자입니다. 당신은 자신의 삶을 위해 돈과 명예를 적절히 사용하고 있습니까, 아니면 돈과 명예를 위해 자신의 삶을 희생하고 있습니까? 돈도 명예도 삶을 위해 필요한 것이지, 돈과 명예를 위해 삶이 필요한 것은 아닙니다. 오로지 많은 돈을 모으기 위해 이 땅에 태어난 사람처럼, 높은 권력과 명예를 얻기 위해 이 땅에 태어난 사람처럼 살아가는 것은 노예의 삶입니다.

스스로 가치를 평가할 안목을 갖추지 못한 것은 불행한 일입니다. 자신의 삶을 주도적으로 이끌지 못하는 것은 안타까운 일입니다. 돈과 권력의 노예가 되어 살아가는 것은 어리석은 짓입니다. 그래서 우리는 부처님의 가르침에 귀를 기울일 필요가 있습니다.

출가학교 41기에 참여했던 라인경 님은 이렇게 말했습니다.

출가학교에 다녀오기 전, 저의 일상은 무기력함의 연속이었습니다. 해야 할 일은 많았지만 '내일 하지 뭐' 하며 미루었고, 그 내일이 되면 또 '내일 하지 뭐' 하고 미루었습니다. 그런 저 자신이 싫어 대학교 1학년을 마치고 휴학을 했습니다. 보다 준비된 모습으로 공부를 하고 싶었습니다. 하지만 시간이 지날수록 게으름은 더해갔고, 그런 제 모습을 보며 자괴감도 더해갔습니다. 아무것도 하지 않아도 시간은 쏜살같이 흘렀고, 무의미하게 보낸 시간에 짜증과 불만도 커져갔습니다. 자신감을 잃은 저는 늘 눈치를 보며 움츠러들었고, 사소한 한마디에도 상처받아 '난 이래서 안 돼' 하며 자책하였습니다. 그렇게 저는 무엇을 해야 할지 모르고, 하고 싶던 것도 미리 포기하고, 가까웠던 이들과 점점 거리를 두는 외톨이가 되었습니다.

하지만 출가학교를 다녀오고 저의 생활은 바뀌었습니다. 180도 확 바뀐 건 아니지만 한 겹의 껍질은 벗은 느낌입니다. 예전에는 항상 주위의 시선을 의식하며 살았습니다.

'이래도 될까? 사람들이 이상하게 생각하지는 않을까?'

주변의 시선이 늘 따갑게 느껴졌습니다. 하지만 지금은 아닙니다. '그래, 내가 하고 싶어서 하는 거야.'

저 자신에게 집중하자 놀라운 변화가 시작되었습니다. 저 자신이 무엇을 원하는지, 이제는 압니다. 솔직한 제 모습에 자신감도 생겼습니다. 판단과 행동의 기준도 이제는 남이 아니라 저 스스로 제시하는 일이 많아졌습니다. 그리고 주변 사람들과의 관계도 훨씬 부드러워졌습니다. 요즘은 매일 아침 일찍 일어나 가족과 함께 웃으면서 주스를 갈아 마십니다.

솔직히 말하면, 다시 태어난 느낌입니다.

당신 삶의 주인은 당신이어야 합니다. 이 소중한 삶을 누군가의 손에 맡기는 것은 바보짓입니다. 그렇다고 자기 생각만 고집하는 독단적인 삶, 자기밖에 모르는 이기적인 삶을 살라는 말이 아닙니다. 진실을 보는 바른 눈을 뜨고, 그 눈으로 직접 만물의 가치를 평가하고, 그 평가에 의거해 올바른 행동을 선택하고, 그 행동을 부지런히 실천해 자신과 세상을 평화와 행복으로 이

끌라는 것입니다.

부처님께서 열반에 드시기 석 달 전의 일입니다. 부처님께서
당신의 죽음이 가까웠음을 예견하시자 시자였던 아난이 울먹이
며 이렇게 물었습니다.

"세존이시여, 세존께서 계시지 않으면 저희는 누구를 믿고
무엇을 의지해야 합니까?"

그러자 부처님께서 말씀하셨습니다.

"아난아, 너 자신을 등불로 삼고 너 자신에게 의지하라. 너
자신 밖의 다른 것에 의지하지 말라. 오직 너 자신에게 전념하
라. 법을 등불로 삼고, 법에 의지하라. 법을 떠나 다른 것에 매
달리지 말라."

부처님은 당신의 죽음 뒤 교단의 권위를 누구에게 부여해야
할지를 묻는 아난에게 그 누구에게도 부여하지 말라 하셨습니
다. 특정한 사람은 물론이고 신神에게도 굴종하지 말고 진실과
당당히 마주하라 하셨습니다. 진실을 직접 확인한 자신을 의지
해 주체적이고 자발적인 삶을 살아가라 하셨습니다. 이것이 불

교입니다.

눈앞의 진실을 직접 두 눈으로 확인하는 삶, 그 진실을 실천함에 있어 한 치의 머뭇거림도 없는 삶, 거울 앞에서 한 치의 부끄러움도 없는 삶, 스스로 보고 스스로 판단하고 스스로 선택하고 스스로 행동하는 삶, 그 누구에게도 구속되지 않고 그 무엇에도 속박당하지 않는 삶, 이것이 자유이고 주인공의 삶입니다.

당신은 육체의 주인입니까, 육체의 노예입니까? 만약 육체의 주인이라면 여섯 가지 감각기관을 자유자재로 사용할 것입니다. 필요하면 보고 필요 없으면 보지 않고, 필요하면 듣고 필요 없으면 듣지 않고, 필요하면 먹고 필요 없으면 먹지 않고, 필요하면 생각하고 필요 없으면 생각하지 않을 것입니다. 하지만 누군가가 보고 싶고 또 보기 싫어 발버둥 치고, 어떤 소리를 듣고 싶고 또 듣기 싫어 몸부림치고, 무언가를 먹고 싶고 또 먹기 싫어 애태우고, 무언가를 만지고 싶고 또 만지기 싫어 신경을 곤두세운다면, 당신은 감각의 만족을 위해 자신의 삶을 희생하고 있는 것입니다.

당신은 생각과 감정의 주인입니까, 생각과 감정의 노예입니까? 만약 생각과 감정의 주인이라면, 당신은 때와 장소에 알맞은 유익한 생각과 감정들을 자유자재로 사용할 것입니다. 자신의 생각과 감정이 유익하지 못하다고 판단되면, 그 생각과 감정을 쉽게 털어버릴 수도 있을 것입니다. 그렇게 수많은 생각과 감정의 물결로부터 늘 자유로울 것입니다. 하지만 생각과 감정에 지배당하고 있다면, 당신은 생각과 감정의 포로가 되어 그 감옥 속에서 오랫동안 번민하고 괴로워할 것입니다.

당신 삶의 주인은 당신이어야 합니다. 생각과 감정에 사로잡힌 삶, 감각의 만족을 위해 살아가는 삶은 노예의 삶입니다. 거기에 자유는 없습니다.

그러니 몸과 마음의 주인이 되십시오.

참된 자유가 무엇인지 스스로 알게 될 것입니다.

어느 스님이 물었다.

"무엇이 달마 대사가 서쪽에서 온 뜻입니까?"

조주 스님이 대답했다.

"뜰 앞의 잣나무!"

나 길
서 을 I 하
다 山 산
    下

다시 집으로

꽃밭에서 춤을

향기를 전하는 사람

불꽃 속에 핀 연꽃처럼

차라리 더디 갑시다

다시 집으로

　오대산 상원사에는 스님들이 참선하는 청량선원淸凉禪院이 있습니다. 그 기둥 주련에 시가 한 수 적혀 있습니다. 한암漢岩 (1876~1951) 스님께서 경봉鏡峰(1885~1969) 스님께 보낸 편지에 함께 써서 보냈던 것입니다. 그 시에 이런 구절이 있습니다.

　　물소리와 산 빛이 모두 고향이네
　　전단나무를 자르면 조각조각 향기롭듯
　　무척은 죽 솥에서 홀연히 문수를 만났으니
　　문수가 어찌 청량산에만 있으리오

水聲山色盡家鄉　如析栴檀片片香

無着忽然逢粥鍋　文殊何獨在淸凉

　여기에는 재미난 옛날이야기가 담겨 있습니다. 당나라 때 무
착문희無着文喜 선사라는 분이 계셨습니다. 이분이 문수보살을
친견하고 싶어 오대산을 찾아갔답니다. 이리저리 문수보살을
찾아 헤매다가 그만 해가 졌습니다. 그때 마침 골짜기에서 소에
게 물을 먹이던 한 노인을 만났습니다. 그래서 노인에게 "이 근
처에 절이 없습니까?" 하고 물었습니다.

　그러자 노인이 되물었답니다.

　"여기는 무엇 하러 오셨소?"

　"문수보살을 뵈러 왔습니다."

　노인은 대꾸도 없이 소에게 물을 실컷 먹이더니 따라오라 하
였습니다. 노인을 따라갔더니 절이 하나 나타났습니다. 절에 들
어선 노인은 무착 스님을 자리로 안내하고 아이를 불렀습니다.
그러자 아이가 거북이 등껍질로 만든 잔에다 우유를 발효시켜

만든 음료를 담아 내왔습니다. 그 음료를 받아 마신 무착 스님
은 단박에 정신이 상쾌해지는 것을 느꼈습니다.

그리고 노인과의 대화가 시작되었습니다.

"어디서 오셨습니까?"

"남쪽에서 왔습니다."

"남쪽지방 불교집안 사정은 요즘 어떻습니까?"

"말세라서 계율을 제대로 지키는 비구가 몇 안 됩니다."

"대중은 얼마나 됩니까?"

"300명인 곳도 있고, 500명쯤 되는 곳도 있습니다."

그러자 노인은 한참을 말이 없었습니다. 그래서 이번에는 무
착 스님이 물었습니다.

"이곳 불교집안 사정은 어떻습니까?"

노인이 대답했습니다.

"용과 뱀이 뒤엉켜 있고, 범부와 성인이 함께 삽니다."

"대중은 얼마나 됩니까?"

"앞도 삼삼이고 뒤도 삼삼입니다."

무착 스님은 그 말을 이해할 수 없었습니다. 그래서 골똘히 생각에 잠겼는데, 노인이 그 모습을 보더니 대뜸 아이를 불렀습니다.

"손님 가신다. 모셔다 드려라."

쫓겨난 겁니다. 노인의 말을 도무지 이해할 수 없었던 무착 스님은 문을 나서면서 아이에게 물었답니다.

"조금 전에 이곳은 대중이 얼마나 되냐고 묻자 '앞도 삼삼이고 뒤도 삼삼이다' 하셨는데, 그게 어느 정도라는 말이냐?"

그러자 아이가 대뜸 "스님!" 하고 불렀습니다. 무착 스님이 "그래" 하고 대답하자, 아이가 말했답니다.

"이건 어느 정도나 됩니까?"

무착 스님은 깜짝 놀랐습니다. 노인도 아이도 보통 사람이 아니란 생각이 든 겁니다. 그래서 아이에게 다시 물었답니다.

"이 절 이름이 뭐냐?"

"반야사입니다."

그때서야 무착 스님은 자신이 만난 노인이 문수보살이고, 그 아이가 균제동자라는 것을 알아차렸습니다. 그래서 "한 마디 가르침을 주십시오"하면서 얼른 동자의 발아래 엎드렸답니다. 그러자 동자도 노인도 절도 사라지고, 허공에 이런 노랫소리만 울려 퍼졌답니다. 여러분도 잘 아는 노래입니다.

성 안 내는 그 얼굴이 참다운 공양구요
부드러운 말 한 마디 미묘한 향이로다
깨끗해서 티가 없는 진실한 그 마음이
언제나 한결같은 부처님 마음일세

무착 스님은 그렇게 뵙고 싶었던 문수보살과 균제동자를 직접 만나고도 알아보지 못한 자신의 미련함을 오랫동안 탓했답니다. 그 후 무착 스님은 앙산혜적仰山慧寂 선사를 찾아가 수행하였습니다. 앙산 스님의 지도로 무착 스님의 공부는 나날이 깊어셨습니다. 무착 스님은 그곳에서 대중의 식사를 담당하는 소임을 맡았습니다. 그런데 아침마다 솥에 가득 죽을 끓이면 보글 보글 솟아오르는 거품마다 문수보살이 나타나더랍니다. 그러자 무착 스님이 죽을 젓는 커다란 주걱으로 문수보살을 찰싹찰싹 때리면서 이렇게 말했답니다.

"문수는 문수고, 무착은 무착이다."

출가학교를 마치고 나면 다시 집으로 돌아가야 합니다. 그때 저는 당신에게 물을 것입니다.

"오대산에 오셔서 문수보살을 친견하셨습니까?"

출가학교를 통해 문수보살을 알아볼 안목을 갖췄다면, 한암 스님의 말씀처럼 문수보살이 어찌 이곳에만 계시겠습니까. 서 있는 자리마다 오대산이고, 만나는 사람마다 문수보살일 것입니다. 복잡한 전철 속과 부산한 사무실도 푸근한 고향마을 풍경처럼 다가오고, 아웅다웅 얽혀 사는 이웃과 동료도 혈육을 나눈 친지처럼 느껴질 것입니다. 어디를 가건 푸근하고, 누구를 만나건 반갑다면, 당신의 입가에는 절로 미소가 번질 것입니다.

출가학교에서 보낸 시간은 당신에게 매우 특별한 경험으로 남을 것입니다. 하지만 이곳을 그리워하거나 이곳에서 만났던 사람을 그리워하며 우두커니 시간을 보내는 일이 있어서는 안 됩니다. 혹시 이곳이 생각나거나 그때가 그리워지거든 무착 선 사처럼 죽비를 들고 당신의 생각과 감정을 탁! 탁! 치면서 경책 하십시오.

"그 사람은 그 사람이고, 나는 나다!"

왜냐하면 진짜 오대산은 삶의 현장이고, 진짜 문수보살은 당 신 앞에 있기 때문입니다.

출가학교 35기에 참여했던 최봉태 님은 이렇게 말했습니다.

강의를 들으며 가장 가슴에 다가왔던 말씀은 세 구절이었습 니다.

"원각도량은 어디에 있는가? 바로 이곳이다."

"수행의 본질은 악을 짓지 않고 선을 행하는 것이다."

"참다운 지혜는 자신이 처한 시간과 장소에서 최선을 다하는 것 이다."

너무나 명료한 가르침이었습니다. 저는 이 말씀을 통해 세상을 보는 눈이 바뀐다는 게 무엇인지 알 수 있었습니다. 출가학교를 졸업하고 산문을 나서면서 저는 다짐했습니다.

"이제 진짜 출가다. 제대로 수행하자."

그 이후로 저에게 주어진 일이 얼마나 소중한지를 깨닫게 되었습니다.

저는 변호사입니다. 현재 대한변호사협회 일제피해자인권특별위원회 위원장으로 일제의 전쟁피해자들에게 정의를 되돌려주기 위해 노력하고 있습니다. 왜냐하면 이것이 부처님의 첫 번째 계율인 '살생하지 말라'를 구현하는 길이라 생각하기 때문입니다.

전쟁만큼 무자비한 살생, 집단적인 폭력은 없습니다. 개인의 양심과 각성에 호소하여 이를 멈추기에는 한계가 있습니다. 그래서 저는 전쟁피해자의 아픔을 세상에 알리고, 피해자들에게 진심으로 사과하고, 피해자들에게 정당하게 배상하도록 촉구하는 일을 하고 있습니다. 전쟁피해자에 대한 가해자들의 보상을 제도로 고착시킨다면 함부로 전쟁을 벌이는 일 역시 줄어들 것입니다. 저는 이 길이

불살생을 실천하는 길, 정의를 실현하는 길, 전쟁을 용인하지 않는
사회를 만들어가는 가장 좋은 길이라 생각합니다.

저에게는 이것이 수행입니다.

꽃밭에서 춤을

이제 당신이 돌아갈 곳은 사바세계가 아닙니다. 진실에 눈을 떴다면 세상은 아름다운 꽃밭으로 보일 것입니다. 당신은 그 아름다운 꽃밭으로 산책을 나서는 것입니다. 그러니 상쾌한 기분으로 발걸음도 가볍게 길을 나서십시오.

이제 당신이 만나야 할 사람은 '너'나 '그'가 아닙니다. 진실에 눈을 떴다면 모든 생명이 하나로 보일 것입니다. 당신은 다양한 이름을 가진 소중한 나와 만나러 가는 것입니다. 그러니 반가운 마음으로 입가에 미소를 띠고 길을 나서십시오.

이제 당신이 해야 할 일은 그 꽃밭을 더욱 아름답게 가꾸는 일입니다. 밑거름을 충분히 주고, 아름다운 향기와 달콤한 열매를 약속하는 씨앗을 뿌리고, 썩은 가지가 있으면 잘라내고, 찬바람이 불면 진득이 기다리며 새봄을 기약해야 합니다.

그렇게 가꾼 꽃밭에서 멋지게 한판 춤을 추세요. 당신이 마주할 사람들은 경쟁자도 적도 원수도 남도 아닙니다. 당신의 일부분, 또 다른 모습의 당신입니다. 그러니 미워하거나 다투지 말고 부드러운 미소와 함께 먼저 손을 내미세요. 그리고 박자에 맞춰 춤을 추세요.

간간이 그가 실수를 하더라도 거울에 비친 당신 모습이니 얼마든지 이해하고, 용서하고, 포용할 수 있을 것입니다. 그의 실수를 지적하고, 꾸짖고, 교정하려 애쓰지 마세요. 그러면 흥겨운 춤판이 깨져버립니다. 당신이 능숙한 춤꾼이라면 그의 서툰 몸짓에도 얼마든지 장단을 맞출 수 있을 겁니다.

행복, 그것은 조화로운 장단과 춤사위에서 맛보는 즐거움입니다. 올바른 눈으로 세상을 보고, 올바른 행동으로 조화를 이

루는 삶, 그것이 행복한 삶이고 평화로운 삶입니다. 행복은 추
상적인 관념이 아닙니다. 삶 속에서 선택하고 실천하는 구체적
인 행동이고, 또 그 결과입니다.

부처님께서 《숫따니빠따》에서 말씀하셨습니다.

어리석은 사람을 가까이 하지 않고
슬기로운 사람과 가깝게 지내며
존경할 만한 사람을 공경하는 것
이것이 최고의 행복입니다

분수에 알맞은 곳에 살면서
착한 공덕을 힘써 행하고
스스로 바른 서원을 세우는 것
이것이 최고의 행복입니다

학문과 기술을 배우고 익히며

고귀한 도덕으로 몸과 마음 다스리고

의미 있는 대화를 나누는 것

이것이 최고의 행복입니다

아버지와 어머니를 잘 모시고

아내와 자식을 사랑으로 보살피며

안정된 직업을 가지는 것

이것이 최고의 행복입니다

더불어 나누고 정의롭게 살며

친지들과 화합해 서로를 보호하고

비난받을 행동을 하지 않는 것

이것이 최고의 행복입니다

악을 싫어해 멀리하고

술 마시는 것을 절제하며

계율을 지킴에 게으르지 않은 것
이것이 최고의 행복입니다

항상 겸손하고 온순하며
매사에 감사하고 만족하며
때맞춰 법회에 참여하는 것
이것이 최고의 행복입니다

수행자를 만나면
인내와 순종으로 공손히 대접하고
때맞춰 법담을 나누는 것
이것이 최고의 행복입니다

감관을 지키고 청정하게 살면서
거룩한 진리에 확신을 가지고
실천 수행하여 열반을 얻는 것

이것이 최고의 행복입니다

세상살이 많은 일에 부딪쳐도
마음이 흔들리지 않고
슬픔과 번민 없이 안온한 것
이것이 최고의 행복입니다

이렇게 살아가는 사람은
어디서든 실패하지 않고
모든 일에서 번영하리니
이것이 최고의 행복입니다

행복은 손에 잡히지 않는 무지개가 아닙니다. 선택하고 실천하는 구체적인 행동입니다. 그러니 당신이 서 있는 자리에서 행복을 실천하십시오. 삶의 현장에서 행복을 알아보고, 행복의 씨앗을 뿌리고, 행복을 가꾸고, 행복의 열매를 거두십시오.

출가학교 19기에 참여했던 강미숙 님은 이렇게 말했습니다.

저의 삶은 평범하기 그지없었습니다. 남들처럼 맞벌이로 가정을
꾸리고, 아이를 키우고, 이런저런 일들로 하루하루를 보내면서 종
교생활을 할 틈도 없이 중년의 나이를 맞이하였습니다. 힘든 일은
예상치 못하게 들이닥쳤습니다.

풍족하지는 않지만 남부럽지 않던 가정이었습니다. 어느 날 남
편이 외도한 사실을 알게 되었습니다. 신뢰는 하루아침에 무너졌
고, 부부 사이는 급속히 차가워졌습니다. 용서할 수 없었습니다. 손
상된 자존심에 분노가 치밀었습니다. 결국 말싸움이 잦아졌고, 말
싸움은 남편의 폭력으로, 부부 싸움은 집안 싸움으로 번졌습니다.
벼랑 끝에 내몰린 저의 선택은 타협이 아닌 이혼이었습니다.

결국 빈 몸에 슬리퍼만 신은 채 집을 나왔습니다. 뒤엉켜버린 갈
등을 어떻게 헤쳐 나가야 할까. 암담하고, 서럽고, 창피했습니다.
오피스텔에 처박힌 저는 친구는 물론 친척, 지인, 그 누구도 만나지
않았습니다. 만나기도 싫었습니다. 어떻게든 살고 싶었지만 앞길

이 보이지 않았습니다. 수많은 밤을 불면으로 괴로워하다 결국 한 움큼의 수면제를 입에 털어 넣었습니다. 그리고 꼬박 하루 만에 병원에서 깨어났습니다.

시련은 겹쳐서 닥치나 봅니다. 그렇게 우울증에 시달리며 지루한 법정 싸움을 이어가던 어느 날이었습니다. 그날은 하늘이 유난히도 청명했습니다. 건강 검진 결과를 확인하러 K병원을 찾았습니다. 의사선생님이 뜻밖의 말씀을 하더군요.

"유방암입니다."

'나에게 왜 이런 일이!' 파랗던 하늘이 검게 물들고, 온 산의 단풍빛이 피눈물로 보였습니다. 억울했습니다. 그리고 두려웠습니다. 밤새 울고, 또 울어야 했습니다. 어린 중학생 아들이 눈앞을 가렸습니다. 그러다 우연히 오대산 월정사 출가학교를 알게 되었습니다. 아무런 준비도 없이 죽음을 맞이할 수는 없었습니다. 그래서 저는 어쩌면 영원히 돌아오지 못할지도 모르겠다는 생각을 하면서 짐을 쌌습니다.

그해 겨울, 참 많이도 울었습니다. 삭발을 하면서 서러워 울고,

극기 훈련보다 엄격한 일과에 힘들어서 울고, 지난 일이 자꾸 떠올라 억울하고 분통해서 울고, 나 못지않은 도반들의 사연에 가슴이 미어져 울고, 아이들이 보고 싶어서 울고, 그렇게 미워했던 남편에게 미안해서 울고, 자만과 오만으로 똘똘 뭉친 나 자신이 미워서 울고, 눈 쌓인 전나무 숲길을 거닐다 문득 감사한 마음이 들어서 울고, 폐부 깊숙이 들이마시는 차가운 공기에 너무도 행복해서 또 울었습니다. 그렇게 평생 흘릴 눈물을 다 쏟아내면서 제 가슴에 돌덩이처럼 멍울졌던 미움과 원망도 조금씩 녹아내렸습니다.

출가학교를 통해 저는 새롭게 태어났습니다. 삶을 포기하려고 했던 어리석음을 참회하였고, 오랜 별거생활을 청산하고 남편과 다시 결합하였습니다. 2년 여의 힘든 투병생활도 사경을 하고, 경전을 읽고, 염불을 하면서 무난히 견뎌낼 수 있었습니다.

이젠 감사한 마음뿐입니다. 부처님께 감사하고, 부처님을 알게 된 인연에 감사하고, 저를 에워싼 소중한 인연들에게 그저 감사할 따름입니다. 저는 지금 행복합니다. 그리고 절에 공부하러 가는 날이 늘 기다려집니다.

향기를
전하는
사람

출가학교를 마치면 다시 짐을 싸야 합니다. 산문을 들어설 때 입었던 옷으로 갈아입고 다시 산문을 나서야 합니다. 그때, 당신은 그 문을 들어서던 때와는 많이 달라진 자신을 느끼게 될 것입니다.

당신은 무엇이 행복의 씨앗이고 무엇이 불행의 씨앗인지 아는 사람, 어떻게 행복을 가꿔 나아가야 할지를 아는 사람이 되어 있을 것입니다. 두 눈으로 직접 진실을 보고, 스스로 판단하고, 스스로 선택하고, 행동하는 삶의 주인공이 되어 있을 것입니다. 그런 당신의 모습은 당당하고, 자유로울 것입니다.

출가학교 35기에 참여했던 정효정 님은 이렇게 말했습니다.

출가학교에 입학해 삭발을 하는 날이었습니다. 망설였습니다.
앞으로 오디션도 봐야하고 작품 활동도 해야 했기 때문입니다. 하
지만 스님의 한마디에 저의 고민은 쉽게 해결되었습니다.

"깎아, 어서. 가발 쓰면 되지."

출가학교를 졸업하고 산문을 나서던 날, 그 머리를 한번 쓰다듬
어보았습니다. 산뜻하고 시원했습니다. '비누로 씻고 수건으로 쓱
쓱 닦으면 되는 이 편리함을 세상 사람들이 알까' 싶어 웃음이 나왔
습니다. 저는 그 모습으로 서울로 돌아왔습니다. 가발도 쓰지 않았
습니다. 빡빡 밀은 머리로 복잡한 거리 한복판을 누비고 다녔지만
전혀 부끄럽지 않았습니다. 오히려 저는 그런 제 자신이 멋지고 예
쁘게 느껴졌습니다.

당신은 이제 수행자입니다.

산에서 살건 도시에서 살건 당신은 수행자입니다. 머리를 깎건 머리를 기르건 당신은 수행자입니다. 검소한 승복을 입건 화려한 코트를 걸치건 당신은 이제 수행자입니다.

수행자는 한 송이 꽃과 같습니다. 그의 마음은 맑고 깨끗하며, 그의 말은 부드럽고 따뜻하며, 그의 행동은 여러 사람을 기쁘게 합니다. 당신이 바로 그런 수행자입니다. 당신에게서 풍기는 향기는 부처님에게서 선물 받은 것입니다. 이제는 당신이 다른 사람에게 그 향기를 선물할 차례입니다.

부처님은 깨달음을 이루시고 첫 번째 안거를 바라나시의 사슴동산에서 보내셨습니다. 부처님은 그 숲에서 60명의 제자에게 깨달음을 선물하셨습니다. 여름 장마가 끝나고 화창한 하늘이 드러나자 부처님은 제자들에게 이렇게 말씀하셨습니다.

비구들이여,

나는 신과 인간의 굴레에서 해방되었다.

그대들 역시 신과 인간의 굴레에서 해방되었다.

이제 법을 전하러 길을 떠나라.

많은 사람들의 이익을 위해,

많은 사람들의 행복을 위해,

세상에 대한 자비심을 품고

모든 존재에게 자비심을 품고서 길을 떠나라.

마을에서 마을로,

두 사람이 같은 길을 가지 말고 혼자서 가라.

비구들이여,

처음도 좋고 중간도 좋고 끝도 좋은 법,

뜻과 표현이 잘 갖추어진 법을 설하라.

원만하고 완전하며 청정한 행동을 보여주라.

세상에는 때가 덜 묻은 사람들이 있다.

그들은 법을 듣지 못하면 퇴보하겠지만

들으면 분명 진리를 깨달을 것이다.

비구들이여,

나도 법을 전하러 우루웰라의

세나니 마을로 갈 것이다.

당신은 이제 부처님의 향기를 전하는 사람입니다. 그 향기를
당신의 가족에게 이웃에게 동료에게 길을 가다 부딪치는 모든
사람들에게 선물하세요. 바른 마음, 바른 말, 바른 행동으로 그
들에게 편안하고 즐거운 하루를 선물하세요.
사랑하는 가족에게 고맙다고 말해보세요.
사랑하는 동료에게 잘 한다고 칭찬해보세요.
사랑하는 이웃에게 따뜻한 커피라도 한잔 대접해보세요.
길을 가다 마주치는 이에게 먼저 미소를 띠어보세요.
비난과 험담 앞에서 고요한 침묵을 보여주세요.
이것은 결코 사소한 일이 아닙니다. 북경의 하늘을 나는 나비
의 날갯짓이 뉴욕에 폭풍을 일으킬 수도 있다고 했습니다. 시작
할 때 털끝만큼만 차이가 나도 나중에는 하늘과 땅만큼 벌어진
다고 했습니다. 삶의 변화는 작은 행동의 변화에서 시작됩니다.
직접 실천해본다면 당신의 삶에 얼마나 큰 변화를 가져오는지

당신 스스로 확인하게 될 것입니다.

당신은 이제 보살菩薩입니다. 진실이 무엇인지 깨달은 당신은, 행복이 무엇인지 깨달은 당신은, 아름다운 삶이 무엇인지 깨달은 당신은, 보람된 삶이 무엇인지 깨달은 당신은 그 깨달음을 실현하기 위해 여섯 가지를 실천해야 합니다.

첫째, 만족을 모르는 탐욕으로 소유하고 축적하던 행위들을 멈추고 필요한 이들과 함께 사용하고 나누는 행위들을 실천해야 합니다. 이것을 보시布施라 합니다.

둘째, 욕망을 절제하고 서로를 배려하는 도덕적 행위들을 실천해야 합니다. 이것을 지계持戒라 합니다.

셋째, 증오와 교만의 불을 끄고 불편과 모욕을 감내하는 노력을 해야 합니다. 이것을 인욕忍辱이라 합니다.

넷째, 게으름과 나태를 꾸짖고 올바른 일에 오로지 매진하는 노력을 해야 합니다. 이것을 정진精進이라 합니다.

다섯째, 부산한 행동을 멈추고 조용한 곳에서 깊이 숙고하는 시간을 가져야 합니다. 이것을 선정禪定이라 합니다.

여섯째, 올바른 견해로 자신과 타인을 일깨우고, 성숙한 토론을 통해 서로의 지혜를 키워 나아가야 합니다. 이것을 지혜智慧라 합니다. 이 여섯 가지 덕목을 꾸준히 실천하며 물러서지 않는 것, 그것을 육바라밀六波羅蜜이라 합니다.

당신은 이제 보살입니다. 온 세상이 고향집이고, 모든 생명체가 또 다른 나라는 것을 깨달았다면 당신은 한없는 자비심으로 모든 생명을 아끼고, 보살피고, 도와야 합니다.

이산혜연怡山慧然 선사는 이렇게 맹세하였습니다.

관음보살 대자비로 시방법계 다니면서

보현보살 행원으로 많은중생 건지올제

여러갈래 몸을나눠 미묘법문 연설하고

지옥아귀 나쁜곳엔 광명놓고 신통보여

내모양을 보는이나 내이름을 듣는이는

보리마음 모두내어 윤회고를 벗어나되

화탕지옥 끓는물은 감로수로 변해지고

검수도산 날센칼날 연꽃으로 화하여서

고통받던 저중생들 극락세계 왕생하며

나는새와 기는짐승 원수맺고 빚진이들

갖은고통 벗어나서 좋은복락 누려지다

모진질병 돌적에는 약풀되어 치료하고

흉년드는 세상에는 쌀이되어 구제하되

여러중생 이익한일 한가진들 빼오리까

천겁만겁 내려오던 원수거나 친한이나

이 세상 권속들도 누구누구 할것없이

얽히었던 애정끊고 삼계고해 벗어나서

시방세계 중생들이 모두성불 하사이다

허공끝이 있아온들 이내소원 다하리까

유정들도 무정들도 일체종지 이루어지이다

당신은 이제 보살입니다. 당신도 이렇게 맹세해야 합니다.

불꽃 속에 핀 연꽃처럼

당신은 이곳에서 새롭게 보고 새롭게 안 것이 있을 것입니다. 그것을 지견知見이라 합니다. 지견을 얻은 당신은 산문을 나설 때 많은 다짐을 할 것입니다. '그래, 이제부디 이렇게 생각해야지. 이렇게 말하고, 이렇게 행동해야지' 하고 굳게 다짐할 것입니다. 하지만 정작 삶의 현장에 뛰어들면 생각만큼 쉽게 행동으로 옮겨지지 않습니다. 또 다시 부질없는 욕심을 부리고, 불쑥불쑥 화를 내고, 난관에 부딪치면 어쩔 줄 몰라 당황하게 될 것입니다.

왜 그럴까요? 이곳에서 보고 안 것이 잘못된 것일까요? 아닙

니다. 당신이 이곳에서 얻은 지견은 잘못되지 않았습니다. 이곳
에서 보고 안 것이 아무 소용없는 것이었을까요? 아닙니다. 당
신이 이곳에서 얻은 지견은 삶에 매우 유용한 것입니다. 그런데
왜 삶의 현장에서 실천하기 어려울까요? 아직은 그 지견의 힘
이 부족하기 때문입니다.

영가현각永嘉玄覺(665~713) 대사가 지은 《증도가證道歌》에 이런
구절이 있습니다.

욕망 속에서 선정을 실천하는 지견의 힘이라야
불꽃 속에서 핀 연꽃처럼 끝내 시들지 않으리라

在欲行禪知見力

火中生蓮終不壞

욕망의 세계 한가운데서 평온한 마음을 유지하기란 본래 쉽
지 않습니다. 그러기 위해서는 모든 것이 그림자와 같고, 메아
리와 같고, 흐르는 강물과 같음을 분명히 보고 분명히 아는 반

야지견般若知見의 힘이 강력해야 합니다. 수많은 사람을 만나고 수많은 일을 겪는 부산한 삶의 현장에서 생각과 감정에 휘둘리지 않기란 본래 쉽지 않습니다. 그러기 위해서는 그 생각과 감정의 바탕이 맑고 깨끗한 거울과 같고, 투명한 보배구슬과 같고, 텅 빈 허공과 같음 분명히 보고 분명히 아는 반야지견의 힘이 강력해야 합니다.

우리의 번뇌는 한겨울의 눈과 같습니다. 그 눈은 오랜 세월 쌓인 것입니다. 게다가 그늘진 곳에 쌓여 볕을 본 적이 없다면 어떻겠습니까. 아마 얼음처럼 단단하게 굳어있을 것입니다. 당신이 이곳에서 얻은 지견은 봄볕과 같고, 봄바람과 같습니다. 하지만 봄이 왔다고 겨울 내내 쌓인 눈이 단박에 녹는 것은 아닙니다. 그 따스함으로 한참은 공을 들여야만 합니다. 성급하게 마음먹어서는 안 됩니다. 지금 녹지 않았다고 앞으로도 녹지 않는 것은 아니기 때문입니다.

《육조단경六祖壇經》에서 "천년의 어둠도 등불 하나면 단박에 사라진다"고 하였습니다. 어리석음 속에서 보낸 세월이 아무리 오래더라도 깨달음의 등불 하나면 한순간에 밝아질 수 있습니다. 《주자어류朱子語類》에서 "따뜻한 기운이 발생하면 쇠와 돌도 뚫는다"고 하였습니다. 그동안의 탐욕의 습관, 분노의 습관이 아무리 단단하더라도 맑고 깨끗한 마음자리를 주시하다보면 절로 온화한 기운이 생겨날 것입니다. 그 기운이 능히 탐욕과 분노를 없앤다는 것을 믿고, 그 기운의 힘을 키워가야 합니다.

설령 당신이 이곳에서 깜짝 놀랄 만큼 큰 깨달음을 얻었다 해도 아직은 아닙니다. 지견은 번뇌를 자르는 칼입니다. 칼의 유용성은 전장에 서봐야 확인할 수 있습니다. 번쩍번쩍 빛이 나고 장식이 멋들어지다 해도 적을 베지 못하는 칼은 아무 소용이 없습니다. 지견도 마찬가지입니다. 꽤 그럴싸하게 생각되고 유창하게 설명할 수 있다 해도 정작 삶의 현장에서 번뇌를 베어내지 못한다면 아무 소용이 없습니다.

그러므로 삶의 현장은 당신의 지견을 시험해볼 좋은 기회입니다. 번뇌를 제대로 잘라내지 못하고 장애에 부딪혀 꺾인다면, 칼을 불구덩이에 담금질하고 숫돌에 연마하듯 당신의 지견을 더욱 단단하고 날카롭게 벼려야 합니다. 수없이 부딪쳐보고 수없이 다시 연마하는 시간을 가져야 합니다. 그래야 그 지견이 어떤 번뇌도 단박에 자를 수 있는 금강검, 끝내 시들지 않는 불꽃 속의 연꽃이 될 수 있습니다. 그러니 고난과 장애 속에서 지견의 힘을 키웁시다.

《보왕삼매론寶王三昧論》의 말씀입니다.

첫째, 몸에 병 없기를 바라지 말라. 몸에 병이 없으면 탐욕이 생기기 쉽다. 그래서 성인이 말씀하기를 '병고病苦로써 양약良藥을 삼으라' 하셨느니라.

둘째, 세상살이에 어려움 없기를 바라지 말라. 세상살이에 어려움이 없으면 교만하고 사치한 마음이 일어난다. 그래서 성인이 말씀하시기를 '근심과 걱정으로 산책길을 삼으라' 하셨느니라.

셋째, 공부하는 데에 마음에 장애 없기를 바라지 말라. 마음에 장애가 없으면 배우는 것이 넘치게 된다. 그래서 성인이 말씀하시기를 '장애 속에서 해탈을 얻으라' 하셨느니라.

넷째, 수행하는 데에 마(魔) 없기를 바라지 말라. 수행하는 데에 마가 없으면 서원이 굳건해지지 못한다. 그래서 성인이 말씀하기를 '모든 마군으로써 함께 수행하는 벗을 삼으라' 하셨느니라.

다섯째, 일을 계획하되 쉽게 되기를 바라지 말라. 일이 쉽게 풀리면 뜻이 경솔해지기 쉽다. 그래서 성인이 말씀하기를 '많은 세월을 두고 일을 성취하라' 하셨느니라.

여섯째, 친구를 사귀되 내가 이롭기를 바라지 말라. 내가 이롭고자 한다면 의리를 상하게 된다. 그래서 성인이 말씀하기를 '순결로써 사귐을 깊게 하라' 하셨느니라.

일곱째, 남이 내 뜻대로 순종해주기를 바라지 말라. 남이 내 뜻대로 순종해주면 마음이 스스로 교만해진다. 그래서 성인이 말씀하기를 '내 뜻에 맞지 않는 사람들로 숲을 삼으라' 하셨느니라.

여덟째, 공덕을 베풀 때는 보상을 바라지 말라. 보상을 바라면 불순한 생각이 움튼다. 그래서 성인이 말씀하기를 '베푼 덕을 헌 신처럼 버리라' 하셨느니라.

아홉째, 이익을 분에 넘치게 바라지 말라. 이익이 분에 넘치면 어리석은 마음이 생기기 쉽다. 그래서 성인이 말씀하기를 '적은 이익으로써 부자가 되라' 하셨느니라.

열째, 억울함을 당할지라도 굳이 변명하려 하지 말라. 억울함을 변명하다 보면 원망하는 마음이 늘어난다. 그래서 성인이 말씀하기를 '억울함을 당하는 것으로 수행의 문을 삼으라' 하셨느니라.

가슴을 활짝 열고 뜻대로 되지 않는 세상사를 환영하십시오.
당신을 성숙시킬 좋은 기회입니다.
출가학교 25기에 참여했던 이기선 님은 이렇게 말했습니다.

2대 독자인 저는 서른이 넘은 늦은 나이에 결혼을 하였고, 힘들게 아들을 얻었습니다. 그 기쁨은 오래가지 못했습니다. 또래 아이들보다 걷는 게 늦다 싶었는데, 네 살이 되도록 말문이 트이지 않는 것이었습니다. 대학병원 정밀검사를 통해 발달장애, 즉 자폐증후군이라는 걸 알았습니다. 순간 앞이 캄캄하고 머리가 멍했습니다.

어떻게든 아이의 병을 고치고 싶었습니다. 언어치료와 심리치

료, 미술을 통한 시각치료, 음악과 운동을 통한 감각치료가 이어졌
고 소득의 반을 아이에게 지출했습니다. 게다가 홀로 계신 어머니
의 생활비까지 부담해야 했습니다. 삶의 여유란 저에게 사치였습
니다. 주변을 돌아볼 겨를도 없이 그저 하루하루를 힘겹게 견뎌내
야 했습니다.

하지만 아들의 상태는 호전되지 않았습니다. 현대의학으로 불가
능하다면 신에게라도 의지해야겠다 싶었습니다. 과거 기독교 신자
였던 저는 다시 교회를 나갈까 싶었습니다. 그러던 차에 우연히 직
장 선배가 대구 팔공산 갓바위에 기도를 하러 간다면서 같이 가자
고 권했습니다. 어떤 소원이든 들어주신다는 말씀에 솔깃해 저는
선배를 따라 나섰습니다. 거기서 처음으로 백팔배라는 것을 해보
았고, 불교와의 인연이 시작되었습니다.

선배는 세 번은 가서 기도해야 소원이 이루어진다고 했습니다.
저는 아들의 병이 호전되기를 바라는 마음에 처와 아들, 칠순의 노
모까지 모시고 두 번 더 갓바위를 올랐습니다. 그리고 쉬는 날이면
영험하다는 전국의 사찰과 암자를 찾아다니며 백팔배를 시작했습

니다. 하지만 이런 정성에도 아들의 자폐 성향은 개선되지 않았습니다. 효험이 없나 싶어 실망스러웠습니다.

그러던 차에 또 주변에서 '출가를 하면 3대의 업이 소멸한다'는 말을 들었고, 월정사에서 단기출가학교를 개설해 운영하고 있다는 것을 알게 되었습니다. 가슴이 뭉클했습니다. 단 한 달만이라도 불가에 귀의하여 아들을 위해 성심을 다해보고 싶었습니다.

그렇게 시작된 출가학교 생활의 마지막 삼천배를 하던 날이었습니다. 힘겹게 하던 절을 끝내고 마지막 죽비 소리가 들리자 저도 모르게 옆에 있던 도반을 껴안았습니다. 그리고 하염없이 눈물을 흘렸습니다. 내 인생에 이렇게 간절히 매달려 본 적이 있던가? 새롭게 깨닫고 다짐했던 정말 소중한 시간이었습니다.

한 달간의 출가, 과연 나에게 무엇을 가져다주었고, 어떤 변화를 가져왔을까? 지금 다시 살펴보니, 별반 달라진 것도 없습니다. 불교교리와 간화선에 대한 알음알이가 조금 많아지고 재적사찰도 생겨 외형상으로는 그럴싸한 불자가 된 것 같지만, 일상을 돌아보면 여전히 상[相]에 사로잡혀 살아가는 저의 모습을 발견하게 됩니다.

256

쉽게 분노하고, 그 분노를 떨치지 못하는 성향도 여전합니다.

오대산에서의 한 달, 그렇게 간절했던 마음과 기대는 어디로 갔

을까요? 알면서도 실천하지 못하는 제 자신이 안타까울 따름입니

다. 하지만 저는 물러서지 않을 것입니다. 꾸준히 정진하다가 이생

을 마감하는 것이 저의 소원이기 때문입니다.

차 더 갑
라 디 시
리 다

만사가 적당해야 합니다. 부처님의 가르침을 실천함에 있어
서도 그렇습니다. 자신의 욕망과 집착을 제거함에 있어서도 마
찬가지고, 가정과 사회를 보다 행복하고 평화롭게 만들어감에
있어서도 마찬가지입니다. 부족해도 문제지만 넘쳐도 일을 그
르칩니다.

부처님 제자 중에 소나라는 사람이 있었습니다. 부처님의 설
법을 듣고 감동해 출가했던 그는 부처님께서 말씀하신 해탈과
열반을 얻기 위해 열심히 노력했습니다. 철저히 계율을 지키면

서 스스로 빈틈을 용납하지 않았고, 밥 먹고 잠자는 것마저 잊
으면서 선정에 몰입하였고, 부처님의 말씀을 끝없이 되새기며
이해하고 성찰하려 애를 썼습니다. 하지만 한동안 그렇게 애를
썼는데도 몸과 마음에 특별한 변화는 일어나지 않았습니다. 실
망한 소나는 회의에 빠졌습니다.

'나는 최선을 다했다. 하지만 마음은 여전히 답답하고, 꿈틀
거리는 욕망 역시 사라지지 않았다. 해탈과 열반의 기쁨은 나
에게 찾아오지 않는구나. 아무래도 나는 자질이 부족한가 보다.
차라리 집으로 돌아가 세속생활에 만족하며 살까? 가난한 사람
들에게 보시나 하며 공덕을 쌓는 게 낫지 않을까?'

부처님은 그런 소나의 마음을 알고 직접 그를 찾아갔습니다.
그리고 물었습니다.

"소나야, 너는 집에서 지낼 때 악기를 잘 다루었다고 하던데
사실인가?"

"예, 부처님."

"악기를 연주할 때 줄을 너무 팽팽히 조이면 소리가 듣기 좋

던가?"

"좋지 않습니다."

"너무 느슨하면 듣기 좋던가?"

"좋지 않습니다. 줄의 완급을 적당히 조율하지 않으면 아름다운 소리가 나지 않습니다."

그러자 부처님께서 따뜻한 미소를 띠며 말씀하셨습니다.

"소나야, 진리의 길을 걷는 것도 마찬가지란다. 의욕이 지나쳐 너무 급하면 초조한 마음이 생기고, 열심히 하려는 뜻이 없으면 태만하게 될 것이다. 그러니 극단적으로 생각지 말고 항상 가운데 길로 걸어가거라. 그러면 미지않아 미혹과 집착에서 벗어나게 되리라."

부처님의 가르침으로 마음을 다잡은 소나는 오래지 않아 중도中道를 체득하였답니다.

목표가 올바르고, 방법 또한 정당하다 해도 서둘러서는 안 됩니다. 노력하지 말라는 것이 아닙니다. 그 노력의 속도가 적당해야 한다는 것입니다. 수행이란 행복을 성취하는 방법입니다.

올바른 수행이라면 자신도 주변 사람도 더욱 편안하고 행복하
게 해야 마땅합니다. 하지만 열정이 지나치면 날카로워지기 쉽
고, 빨리 결과를 얻으려하면 자신과 타인을 다그치기 쉽습니다.
그건 알을 얻기 위해 닭의 배를 가르는 짓입니다. 그런 폭력적
태도는 자신에게도 타인에게도 유익하지 않습니다.

노자도《도덕경》마지막에서 말씀하셨습니다.

하늘과 땅의 도는 이로울지언정 해롭지 않고

성인의 도는 일하되 다투는 법이 없다

天地道 利而不害 聖人之道 爲而不爭

진리는 만물을 이롭게 하는 것이지 누군가를 해치는 것이 아
닙니다. 따라서 성인은 그 진리를 실천함에 있어 누구와도 다투
지 않습니다. 왜냐하면 다투면 해치게 되고, 해치면 진리가 아
니고, 진리가 아닌 것을 행하는 사람은 곧 성인이 아니기 때문
입니다. 부처님의 가르침도 마찬가지입니다. 부처님의 가르침

은 모두를 행복하게 하는 것이지 누군가를 아프게 하는 일이 아닙니다. 따라서 수행자는 부처님의 가르침을 실천함에 있어 누구와도 다투지 않습니다. 다투면 아프게 하고, 아프게 하는 것은 부처님의 가르침이 아니고, 부처님의 가르침이 아닌 것을 행하는 사람은 곧 수행자가 아니기 때문입니다.

그래서 옛 말씀에 "공부는 닭이 알을 품듯이 해야 한다"고 했습니다. 알의 온도가 너무 올라가도, 알의 온도가 너무 떨어져도, 알은 부화하지 않습니다. 열정과 여유를 적절히 조절하지 못하면 해탈과 열반, 깨달음과 행복의 병아리는 끝내 세상에 없을 것입니다. 따라서 모든 이들의 행복과 평화라는 목표를 향해 올바른 방법들을 실천해 나아감에 있어서도 항상 온화하고 섬세한 태도를 견지해야만 합니다. 이것이 중도입니다.

중도란 곧 적당함입니다. 온갖 생명체가 지구에서 번창할 수 있는 까닭은 태양과 적당한 거리를 유지하기 때문입니다. 같은 태양계의 이웃이지만 태양에 조금 더 가까운 수성은 너무 뜨거워 화탕지옥과 같습니다. 조금 더 먼 화성은 너무 추워 한빙지

옥과 같습니다. 두 행성 모두 어떤 생명체도 살 수 없는 황량함
만이 존재할 뿐입니다. 적당함이란 이렇게 중요한 것입니다.

요즘 우리 사회는 너무 조급합니다. 경쟁에서 살아남는 방법,
남보다 앞서는 방법을 획득하고 가르치기에 혈안이 되어있습니
다. 그 결과가 어떻습니까? 개개인이 보다 행복한 삶을 살게 되
었다고 장담할 수 있습니까? 사회가 더욱 평화로워졌다고 장담
할 수 있습니까? 패배감과 절망에 빠진 사람들은 점점 늘어가
고, 더불어 살아가며 서로를 보살피는 공동체의 미덕은 점점 사
라지고 있습니다. 이것이 행복한 삶이고, 이것이 평화로운 사회
입니까?

차라리 더디 갑시다. '속도가 아니라 방향이다'라는 말도 있
지 않습니까? 정말 중요한 것은 얼마나 빨리 걷느냐가 아닙니
다. 그 길이 어디로 가는 길인가입니다. 길이 올바르다면 속도
는 크게 문제되지 않습니다. 당신이 걷고 있는 길이 열반으로
향하는 길, 행복한 삶을 구현하는 길, 평화로운 가정과 사회를
이룩하는 길이라고 확신한다면 서두르지 않으셔도 됩니다. 당

신은 강물에 몸을 던진 한 방울의 물과 같기 때문입니다. 강물은 언젠가는 바다로 흘러듭니다.

차라리 더디 갑시다. '바보가 산을 옮긴다'는 말도 있지 않습니까. 북산北山에 살던 우공愚公은 나이 아흔에 여러 사람에게 불편을 끼치는 태항산太行山과 왕옥산王屋山을 깎아버리겠다고 마음먹었습니다. 하곡河曲의 지수智叟가 "그 힘으로 풀 한 포기도 뽑기 힘들 텐데 그 나이에 그 많은 흙과 돌을 어떻게 치우겠냐"고 비웃자 우공이 이렇게 말했답니다.

"당신은 생각이 꽉 막힌 사람이군. 나는 늙었지만 나에게는 자식과 손자가 있고, 그들이 자자손손 대를 이어나길 것이오. 하지만 산은 불어나지 않을 것이니, 대를 이어 일을 해나가다 보면 언젠가는 산이 깎여 평평하게 될 날이 오겠지."

오랜 세월 쌓아온 번뇌의 산을 무너뜨리는 것도 그와 같습니다. 더디고, 힘겹고, 효과가 금방 나타나지도 않습니다. 하지만 우공처럼 물러서지 않으면 그 산도 언젠가는 무너뜨릴 수 있습니다. 문제는 하루아침에 무너뜨리겠다고 덤벼드는 성급함입니다. 성급한 사람은 포기도 빠릅니다.

그러니, 차라리 더디 갑시다. 유유히 흐르는 강물처럼, 산을
옮기는 바보처럼.

출가학교 40기에 참여했던 김용원 님은 이렇게 말했습니다.

저는 모 대기업의 임원이었습니다. IMF와 반복되는 금융위기 속
에서도 저는 앞만 보고 달렸습니다. 대량 해고와 명예퇴직 등 수많
은 사람들이 직장을 잃고 힘들어 할 때도 저는 제 일에만 매달렸습
니다. 매일 반복되는 야근과 회식, 고객 접대와 친교, 주말까지도
가족이 아닌 회사와 일에 집중한 저는 워커홀릭Workaholic이었습니
다. 하지만 최고경영자를 선임하는 과정에 참여한 후유증으로 직
장을 그만두고 새로운 곳으로 이직을 준비하게 되었고, 이후 대한
민국을 큰 혼란에 빠트렸던 고객정보유출 사건의 총괄관리자로 지
목되어 원하던 이직마저 포기해야 될 상황에 놓였습니다.

저는 큰 충격에 빠졌습니다. 회사에 대한 배신감, 후배들에 대한
원망과 분노로 몸부림치면서 저 자신과 가족을 괴롭혔습니다. 삶

을 되돌아볼 시간, 인생의 새로운 전환점이 필요했습니다. 그러다 TV에서 방영된 단기출가학교 영상을 보았습니다. 동화 같은 이야기와 그림 같은 영상에 매료되었습니다. 저곳이면 과거와 이별하고, 분노로 상처받은 마음을 달랠 수 있겠다 싶었습니다. 그렇게 아무런 준비도 없이 덤벙 참여한 저에게도 출가학교는 많은 것을 깨우쳐 주었습니다.

저는 불교를 전혀 모르던 사람입니다. 하지만 이제는 매일 아침의 백팔배가 일상이 되었습니다. 술을 마신 날에도 아침이면 꼭 절을 합니다. 그리고 어쩌다 절 근처를 지나게 되면 반드시 법당에 들러 부처님께 인사를 드립니다. 그것도 아주 자연스럽게 말입니다. 주위 사람들은 그런 저를 보고 '스님'이라며 놀립니다. 반은 우스갯소리지만 지금의 제 얼굴이 편안해서 보기 좋답니다.

저는 지금도 불교에 대해 잘 모릅니다. 그저 지금부터라도 본격적으로 알아가야겠다고 마음먹을 뿐입니다. 그래서 궁금한 것들을 하나씩 배워가고 있습니다. 제대로 알려고 노력하고, 안 것을 실천하려고 노력하고, 건방지지 않고 겸손하려고 노력할 뿐입니다. 이게 전부입니다. 하지만 이 정도로도 제게는 정말 대박입니다. 이제는 제 인생 후반부가 누군가에게 폐가 되지 않을 것 같습니다.

지금 저는 회사를 하나 운영하고 있습니다. 물론 구멍가게 수준이지만 천천히 제대로 운영할 생각입니다. 이제는 탐욕에 눈이 멀었던 과거처럼 제 욕심만 채우려고 비즈니스를 하지는 않습니다. 그래서 그런지 영업이 오히려 더 잘됩니다. 대학교 강의도 하고 있습니다. 생각지도 않았던 정식 교수 자리입니다. 예전 같으면 월급이 적다고 거절했을 겁니다. 하지만 지금은 아닙니다.

돌아보면 아직도 건강한 인격체에는 한없이 부족하고, 아름다운 가정과 사회를 만들어가기 위해 최선을 다한다고 자신하지도 못합니다. 하지만 서두르지 않을 생각입니다. 한 걸음씩 나아가다 보면 조금은 비슷해지지 않겠습니까?

돌아보고 내다보다

'자기 성찰을 통해 건강한 인격체를 완성하고,

보살도의 실천으로 아름다운 사회를 만들자'는

목표를 세우고 출가학교를 시작한 지 10여 년의 세월이 흘렀습니다.

출가학교를 운영하는 것은 실로 어려움의 연속이었습니다.

사중의 모든 대중이 일상의 수행과 포교 등을 빠짐없이

수행하면서 출가학교까지 뒷바라지해야 했습니다.

새벽부터 한밤까지, 일 년 내내 긴장 속에서 살아야 하니

너나없이 코피가 터지는 일이 비일비재했습니다.

그래서 이렇게 말하는 분들이 많았습니다.

"스님, 왜 고생을 사서 합니까?"

그럴 때마다 그냥 웃어 넘겼지만,

이제 그 질문에 답하고자 합니다.

"부처님의 길을 걷는 저희의 의무이고,

저희가 세상에 기여할 수 있는 전부이기 때문입니다."

출가학교를 운영하고 있는 월정사는

사찰이라는 특수한 공간입니다.

하지만 이곳에서 교육하는 도덕적 생활규범과

세계관·인생관은 보편적인 가치를 지니고 있습니다.

보다 행복하고 평화로운 삶을 만들어가는 데 기여하는 것이며,

누구에게나 유용하고

어디에서나 실천 가능한 덕목들입니다.

그간 많은 분들이 출가학교를 다녀갔고,

이곳에서의 경험을 바탕으로 보다 바람직한 삶을

살고 계신다는 소식을 듣고 있습니다.

참으로 감사한 일입니다.

《유마경》에

"올곧은 마음이 도량道場이다" 하였습니다.

이곳에서 체험하고 깨달은 바를

삶의 현장에서 실천하고 계신다면

그분이 이 시대의 참다운 수행자입니다.

그분에게는 가정과 직장이 곧

월정사 못지않은 청정한 도량일 것입니다.

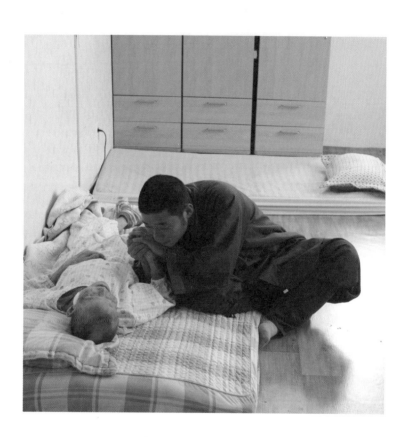

저는 한국불교의 새로운 신행문화가

이뤄질 수 있도록 기반이 된 그분들이야말로

여래의 사도라고 생각합니다.

부처님의 가르침은 삶 속에서
행복과 평화를 만들어가는 것입니다.
이것이 출가정신입니다.

이러한 정신이 한 사람에게서 두 사람으로 전해지고,

이런 노력이 오늘에서 내일로 지속된다면

우리의 삶은 더욱 행복해지고,

우리 사회는 더욱 평화로워질 것입니다.

한국불교의 전통은 현대인들에게

유익한 요소들을 많이 가지고 있습니다.

하지만 현대인들에게 매우 낯선 것도 사실입니다.

출가학교는 이 장벽을 해소하기 위해

여러 프로그램을 개발하여 나름 노력을 기울여왔습니다.

사찰의 전통적인 사상과 문화를 전달하는 데
집중한 경우도 있었고,

휴식과 치유의 시간을 가지기 원하는
시대적 요구에 부응하려고 애쓴 적도 있습니다.

그 과정에서 시행착오를 겪으며
여러 장단점을 확인할 수 있었습니다.

감성적 접근을 통한 공감과 상담 프로그램은

척박한 사회 환경 속에서 받은

상처와 아픔을 해소하는 데 매우 효과적이었습니다.

하지만 그 효과는 일시적이었고,

근본적 치유에는 크게 도움이 되지 않는 한계를 보였습니다.

그에 반하여 오랫동안 전통으로 이어져온

불교의 수행법과 교리, 그리고 절집문화를 기반으로 한

프로그램은 삶을 근본적으로 변화시키는

강력한 힘을 가지고 있었습니다.

하지만 쉽게 수용하지 못하는 분들이 많았고,

개중에는 반감을 가지는 분도 있었습니다.

우리는 이런 경험들을 통해

교육내용과 교육방법에 있어

정밀한 조율이 필요하다는 것을 알 수 있었습니다.

출가학교를 운영하는 우리는 앞으로도

여러 가지 시행착오를 겪게 될 것입니다.

자유로운 삶, 행복한 인생을 꿈꾸는

또 다른 당신을 위해

앞으로도 부처님의 가르침을 전달하는 유용한

방법들을 찾는 노력을 멈추지 않을 것입니다.

출가학교

처음 만나는 자유

부처님 진신사리가 모셔진 불자들의 성지이며 영혼의 안식처,
오대산 출가학교에 오신 것을 환영합니다.
출가학교는 한국 최고의 불자를 위한 수행 프로그램입니다.
고단한 삶에서 벗어나 다시, 가벼워지고 자유로운 삶을 꿈꾸는
당신을 위한 수행 프로그램입니다. 나를 버리고, 내 것을 버리고,
내 고집을 버리는 과정에서 몸과 마음이 힘들 때가 많습니다.
지금까지와는 다른 삶, 처음 만나는 자유를 원한다면
지금 출가학교로 오십시오.

출가학교 참가신청 및 안내

대한불교조계종 제4교구본사 오대산 월정사
(25318) 강원도 평창군 오대산로 374-8
문의전화 033)339-6777
www.woljeongsa.org